Tania Blixen

dargestellt von Detlef Brennecke

Rowohlt

**rowohlts monographien begründet von Kurt Kusenberg
herausgegeben von Wolfgang Müller und Uwe Naumann**

Redaktionsassistenz: Katrin Finkemeier
Umschlaggestaltung: Walter Hellmann
Vorderseite: Karen Blixen, 1957
(Aus: Blixeniana, Karen Blixen Selskabet / Rungstedlundfonden,
Kopenhagen 1982)
Rückseite: M'bogani, um 1922
(Det Kongelige Bibliotek, Karen Blixen arkivet, Kopenhagen)
Frontispiz: Karen Blixen an der Haustür
von Rungstedlund, 1940

Für Hans Kuhn in Canberra

Originalausgabe
Veröffentlicht im Rowohlt Taschenbuch Verlag GmbH,
Reinbek bei Hamburg, November 1996
Copyright © 1996 by Rowohlt Taschenbuch Verlag GmbH,
Reinbek bei Hamburg
Alle Rechte an dieser Ausgabe vorbehalten
Satz Times PostScript Linotype Library, Quark XPress 3.31
Jung Satzcentrum Lahnau
Druck und Bindung Clausen & Bosse, Leck
Printed in Germany
ISBN 3 499 50561 4

2. Auflage November 2001

Inhalt

Karen Blixen als Pierrot, 1955. Da im folgenden das internationale Material von beziehungsweise zu der dargestellten Verwandlungskünstlerin herangezogen wird, empfiehlt es sich, sie im Text nicht nach ihrem einzig und allein im Deutschen verwendeten nom de plume «Tania» Blixen zu nennen, sondern ihr den Namen zu lassen, auf den sie getauft war, den sie in ihrer Heimat trug und der seit der Verfilmung ihrer Afrika-Bücher weltweit gebräuchlich und bekannt ist: Karen Blixen.

Un Ballo in Maschera

Karen Christentze Dinesen – so lautet der Name des Mädchens, das am 17. April 1885 auf dem Gutshof Rungstedlund bei Kopenhagen zur Welt kam. Später, im Kauderwelsch ersten Geplappers, nannte sich die Kleine «Tanne»[1]; und mit diesem Wort wurde sie seither von Verwandten und Freunden gerufen: Tanne, die als Kind mit Vorliebe in das Trikot des Arlecchino schlüpfte…Tanne, die als Heranwachsende die commedia dell' arte kopierte … und Tanne, die sich als Backfisch bei einer Gefährtin für Byron ausgab!

Ständig sich tarnend und allwegs versteckend. Tanne? Noch bevor die private Koseform in Paris von einem russischen Verehrer der jungen Frau durch «Tania» wieder in die öffentliche Nomenklatur integriert worden war, hatte die Dänin in ihrer Heimat unter dem Pseudonym «Peter Lawless» ein paar satirische Bilder drucken lassen und unter dem Schleierwurf «Osceola» eine Reihe von Geschichten vorgelegt, ja: von der Rolle der «Scheherezâde» geträumt, der unermüdlichen Märchenerzählerin.

Danach, 1913, heiratete sie in Mombasa den schwedischen Baron von Blixen-Finecke und erweiterte das Repertoire ihrer Signaturen: mal zeichnete sie mit «Karen Blixen-Finecke», mal mit «Karen Blixen».

Von ihren kenianischen Dienern ließ sie sich «M'sabu» titulieren, «Gebieterin», oder «Mrs Baroness», derweil sie bei den Eingeborenen sonst «Memsahib Wahoga» war, «die Frau des Rastlosen», und «N'jerri», «Nesthäkchen»; nach einer trophäenreichen Safari rühmten sie viele als «Lioness Blixen».

Sei's Löwe, sei es Bär – ihr Geliebter Denys Finch Hatton, ein textkundiger Bewunderer Shakespeares, sah «Titania» in ihr, die Königin der Elfen aus dem «Sommernachtstraum», die in verwirrten Gefühlen den falschen Mann umschmeichelt, indes auch einmal selbstsicher betont: «Ich bin ein Geist von nicht gemeinem Stande.»[2] Als solcher übernahm sie nach dem Scheitern ihrer Ehe und anläßlich der Pleite ihrer Farm den Part von «Luzifers Tochter», der Hexe, die dem Führungskreuz und den Fäden der Vorsehung gehorcht und dennoch etwas schaffen will, *das von mir kommt und mein Ich darstellt*[3].

Mit dieser Motivation begann sie 1934, im Alter von achtundvierzig Jahren, Bücher zu publizieren. Und abermals hielt sie sich nun die Halblarven bald gelüfteter Decknamen vor: nachdem sie das Kostüm von «Nozdref's Cook» verworfen hatte, trat sie in den Ländern englischer Zunge als «Isak Dinesen» auf, im deutschsprachigen Raum als «Tania Blixen»; und den Thriller *Die Rache der Engel* veröffentlichte sie alias «Pierre Andrézel». Es war infolgedessen kein Wunder, resümierte ihre Sekretärin, «daß sie manchmal, bevor sie einen Brief oder einen Vertrag unterschrieb, fragen mußte: ‹Wie heiße ich denn hier?›»[4]

Im hohen Alter schließlich, als sie schwerkrank und hinfällig war, erinnerte sie sich bei einem Spaziergang mit Clara Selborn an den Araberhengst aus einer Volksballade und sagte: *Ein Vollblutpferd geht, bis es stürzt.*[5] Von jetzt an galt sie im Zwiegespräch mit ihrer Begleiterin als «Khamar». Was dagegen die Letter «M» unter einer Nachricht begründet hatte, wußte nicht einmal jene Intima: «Vielleicht habe ich selbst eine Karte nach Hause geschickt, auf der ich etwas von ‹Memsahib› geschrieben habe.»[6] Das Maskenfest neigte sich seinem Ende entgegen, da legte die Gauklerin matt vom Reigen 1962 letzte Hand an die Erzählung *Wiedersehen* und kehrte mit der Erfahrung einer langen Ballsaison an den Anfang zurück – ins Milieu der Dominos und Pierrots, der Kasperliaden und des Marionettentheaters, dessen Direktor als Doppelgänger Byrons erscheint und seine Vergangenheit schildert. *Die Harmonie darin war […] die Harmonie in einer Geschichte. Gewiß ist es ein großes Glück, die Dinge, die einem geschehen, in Geschichten verwandeln zu können. Das ist vielleicht das einzig vollkommene Glück, das ein Mensch im Leben finden kann. Aber es ist gleichzeitig, und das wird dem Uneingeweihten unverständlich bleiben, ein Verlust, sogar ein Fluch.*[7]

Nur, wie hieß die, die hier sprach? Pipistrello? Oder war es nicht die Mrs Baroness? Oder Nozdref's Cook? Die Memsahib Wahoga? Khamar? Oder Isak Dinesen? Oder Peter Lawless? Tanne?

Unter einen Kontrakt setzte sie am 5. September 1962 noch «Karen Blixen Finecke». Dann, am übernächsten Abend, starb sie. In die Platte ihres Grabes auf der «Ewaldshöhe» im Park von Rungstedlund wurde «Karen Blixen» gemeißelt.

Auf diese Weise blieb uns «Tania Blixen» unsterblich, sie, die Scharadenhafte und Bezaubernde, die sich jeglicher Biographie in neuer Person zu entwinden versuchte und dabei nicht ahnte, daß eine Formel von Horaz sie eines Tages bannen würde: «mutato nomine de te fabula narratur»[8], «Du hast zwar einen andern Namen, sei's drum: die Rede ist von Dir!»

…die Rede von Scheherezâde und Pierre Andrézel und Titania, M'sabu, Lioness Blixen und Luzifers Tochter, Osceola, M. und N'jerri, doch zuerst von – Karen Christentze Dinesen.

Aus einem Dionysos-Geschlecht

Dinus... so vielsagend die Fügung ist, daß der Stammvater der Dinesens – obendrein in verballhornter Form – den Namen der Maskengottheit Dionysos trug, so wenig ist von jenem Mann zu berichten. Seine Gestalt bleibt im Dämmerschein der frühen Historie verborgen und ist dort lediglich im Rückschluß auszumachen, weil «Dinus' Sohn» am 18. Februar 1637 auf einer Dingversammlung im dänischen Seeland hervortrat, um Außenstände einzuklagen.[9] Während er wie nach ihm Dynis Jørgensøn noch Pachtbauer war, bahnte sich mit der folgenden Generation bereits der soziale Aufstieg des Geschlechtes an, als Jørgen Dinissøn um 1731 ein Gehöft erwarb, Hagestedgaard nahe Holbæk. Hierher holte er als seine Frau die Tochter des Gutsverwalters der Universität Sorø, Ellen Marie Andersdatter Rose; und fünfzehn Monate nach dem Austausch der Ringe wurde sie hier 1737 von einem Knaben entbunden, Anders, der später verfügte, daß seine Sippe hinfort «Dinesen» heiße.

Überhaupt war Anders Dinesen von bestimmendem Wesen, ein couragierter Provinzplutokrat und respektierter Advokat, der 1782 die Würde eines Justizrates erhalten hatte und seinen Kindern, obwohl er schon mit achtundvierzig Jahren starb, ein immenses Kapital hinterließ – allen voran dem einzigen männlichen Sproß, dem Studenten der Jurisprudenz Jens Kraft Dinesen. Der wählte gleichfalls den Anwaltsberuf, lebte jedoch abweichend vom Habitus seines Erzeugers unauffällig und beschaulich; es war, als hätte er dessen drängende Energie zwar aufgenommen, dann aber gespeichert und erst nach langem Zögern an den eigenen Siebtgeborenen weitergegeben.

Adolph Vilhelm Dinesen wurde ein Recke seiner Tage: 1807 ins Leben hinausgedrängt, als sich der Pulverdampf und Trümmerstaub der Kanonade Kopenhagens durch englische Fregatten kaum verflüchtigt und den Blick freigegeben hatte auf eine Periode der nationalen Demütigung. Denn die seit dreieinhalb Jahrhunderten bestehende dänisch-norwegische Union war in den Wirren der Napoleonischen Kämpfe zwischen die Fronten und Fraktionen geraten und unversehens genötigt, sich ihrer Haut zu wehren, im selben Augenblick ihre Neutralität aufzugeben und Großbritannien sowie dessen Alliiertem Schweden den Krieg zu erklären. Nolens volens als Verbündeter des Empereurs wurde sie daraufhin in den Strudel von Frankreichs Niederlage gerissen, durch die Schweden besetzt und im Abkommen zu Kiel am 14. Januar 1814 verpflichtet, Norwegen an das skandinavische Brudervolk abzutreten.

Was mochte ein tatendurstiger Junge aus gutem Hause in dieser gärenden Epoche anderes werden als Offizier? Folglich besuchte Adolph Vilhelm Dinesen – «der erste Dinesen in Uniform!»[10] – eine Kadettenanstalt in der Hauptstadt; mit neunzehn war er Seconde- und mit neunundzwanzig Premierleutnant, doch, wie es schien, in diesem Moment längst auf einer Laufbahn unterwegs, die ihn von seinen Zielen zu entfernen drohte. Deshalb trat er 1837 als Freiwilliger in die Armee der einstigen compagnons d'armes ein und nahm an der Okkupation Algeriens teil – an einer Kampagne, deren Wirklichkeit ihn erschreckte: «[...] überall, wo sich die Franzosen in Afrika zeigen, verschwinden die Bäume, versiegen die Quellen, entfliehen die Bewohner und bleibt nichts zurück außer Wüste.»[11] Nein, solch ein Heereszug war nicht die Sache, für die es sich Soldat zu sein lohnte!

Bis 1848 mußte Dinesen auf seine Sternstunde warten. Dann hatte Dänemark den Wegfall Norwegens verwunden und im Gefühl des Wiederauflebens Mut gefaßt, eine Entscheidung in der offenen Frage der Grenzherzogtümer von Schleswig und Holstein zu provozieren. Beide waren vice versa von deutschem wie von dänischem Volkstum tief durchdrungen und unter dem Einfluß der Massenbewegungen des 19. Jahrhunderts angesteckt von der Begeisterung für die Bildung eines liberalen Einheitsstaats im Zentrum Europas. Dessen Vorläufer, dem Deutschen Bund, gehörte Holstein als vormaliges Reichslehen anstandslos an; wie nun aber Schleswig – nach alter Satzung ‹up ewich tosamende› mit der Schwesterprovinz – dieser nachstrebte, wurde es von dänischen Nationalisten reklamiert. Darauf kam es zum Zwist zwischen Preußen, das mit der Durchführung der militärischen Operationen der Gemeinschaft betraut war, und Dänemark, das nicht noch Territorium im Süden einbüßen wollte.

Dinesen, unterdessen mit der Tochter des Kammerherrn, vielfachen Ordensträgers und Generalleutnants Johan Wolfgang Reinhold von Haffner verehelicht, sah seine Mission gekommen und zog hinaus auf die Felder der Ehre. Es war seine Batterie, die am 9. April 1848 bei Bov die erste und am 31. Dezember 1850 bei Flækkeby die letzte Salve in diesem dreijährigen Waffengang abfeuerte. Dabei war das Silvesterkartätschen ein Freudensalut, denn Dänemark hatte sich gegen Preußen behauptet, und Adolph Vilhelm Dinesen war einer der Heroen des Konflikts gewesen. Depeschen, Alben und Gemälde verherrlichten seine Kaltblütigkeit: «wiewohl ihm eine Kugel das Pferd unterm Sattel weggeschossen, sprang er, als sei nichts geschehen, ab und trieb seine Leute an, sich wacker ins Zeug zu legen»[12].

Dessenungeachtet: mehr als einen Burgfrieden erreichten die Dänen nicht – zumal ihre Scharmützelsiege das Einigungsverlangen auf deutscher Seite verstärkten. Otto von Bismarck, der durch seine Korrespondenz mit dem fünischen Grandseigneur Carl Frederik Baron von Blixen-Finecke – einem ehemaligen Göttinger Kommilitonen – bestens über die Lage in Skandinavien informiert war[13], lauerte geradezu auf einen Anlaß, das weiterhin strittige Problem ein für allemal zu bereinigen; und er bekam ihn, als Christian IX. am 18. November 1863 ein Grundgesetz für Dänemark und Schleswig unterzeichnete. Diese «Annexion [...] auf dem Verfassungswege»[14] löste einen – von Österreich unterstützten – Heereszug Preußens gegen seinen halsstarrigen Anrainer jenseits der Eider aus, bis der am 30. Oktober 1864 jeglichen Anspruch auf Schleswig und Holstein fallen ließ. Bismarck gewahrte darauf bei Wilhelm I. «ein Geschmackfinden an Eroberungen»[15].

Die Helden der nördlichen Welt indes waren müde. Darum retirierte Adolph Vilhelm Dinesen auf seinen herregård Katholm, ein mürrischer und von den Seinen gefürchteter Veteran[16], den die Beschämung quälte, daß ausgerechnet jener seiner zwei Söhne, der wie er auf den Namen Adolph Wilhelm hörte, als einer der Geschlagenen von den Düppeler Schanzen heimkehren mußte.

Vom Geist der Zeit ... In einem Gemetzel Mann gegen Mann verteidigten sich die Dänen im Februar 1864 bei Sankelmark wider die Preußen, bis sie schließlich in Stahlgewittern mit siebzigtausend Granaten am 18. April hinter den Düppeler Schanzen völlig aufgerieben wurden.

War es dieses einschneidende Erlebnis oder war es die Monumental-statur des bramarbasierenden Haudegens im Elternhaus – Adolph Wilhelm Dinesen sollte stets in die Schar der Verlierer geraten, der Zurück-weichenden: ein Starker mit Sympathie für die Schwachen … ein Freund der Unterjochten und Geschundenen, der verzagte, da er 1871 als volon-taire bei französischen Regimentern zum zweiten Mal die Überlegenheit der Preußen dulden mußte und hernach die brutale Niederwerfung des Aufstandes der Pariser Kommune durch Vasallen des tiers état als Au-genzeuge miterlitt. Ernüchtert decouvrierte er den Toleranzbegriff der Bourgeoisie: «Freiheit besagte für die immer bloß, daß alle Gewalt in ihrem Besitz ist.»[17]

Machtgierige Obrigkeit hatte seine Ideale zerstört. «Ich war krank an meiner Seele.»[18] Trübsinnig floh der Sechsundzwanzigjährige – unselig verliebt zudem in seine Base, die Komtesse Agnes Krag-Juel-Vind-Frijs – in vermeintlich glückliche Gefilde: auf die Prärien von Nebraska und in die Wälder von Wisconsin, wo er von 1872 bis 1874 in einer Blockhütte am Swamp Creek hauste – ein Nachbar, Freund und Helfer der Chip-pewa-Indianer. «Hier, vor meinem Unterschlupf, wie ein Klausner viele Meilen von dem nächsten Siedler entfernt, habe ich Stunden, ach: halbe Tage gesessen und niemals mich satt sehen können an dem lustigen, spru-delnden, glitzernden, plätschernden Wasser, das unablässig dahinfließt […]»[19] Aber die Neue war keine heile Welt. Amerika, das mußte Dinesen aus nächster Nähe mit ansehen, war eine Fleischhauerei, in der die Ur-einwohner systematisch ausgerottet wurden. Darum wandte er den U. S. A. den Rücken. Er hatte wieder für die Falschen Partei ergriffen – und sollte es abermals tun, als er sich im Oktober 1877 den Türken in ih-rer vergeblichen Abwehr gegen die Russen zur Verfügung stellte.

Da war er endgültig von der Lust kuriert, das für gerecht und gut Ge-haltene mit der Waffe zu schützen. Er kehrte nach Dänemark zurück, entschied sich, wie seine Vorväter als Gutsherr zu leben, und übernahm am 7. Mai 1879 rings um das Anwesen Rungstedlund ein Areal mit drei weiteren Ländereien. Der Hof, ursprünglich eine Herberge, lag auf hal-ber Strecke zwischen Kopenhagen und Helsingør am Öresund und war ein erquickendes Refugium. Die Legende beteuert, daß der Lyriker Ewald hier weiland Genesung von der Gicht gesucht hat:

«In kühlendem Schatten,
Von rosigem Dunkel umgeben,
Wo Vöglein auf Matten,
Das Nestchen verratend, hinschweben;
Wo Bäche auf Kieseln
Einförmig hinrieseln,
Daß, bald sich entzündend, der Dichter erwacht,
Bald wieder entschlummert sacht.»[20]

12

Würde nicht auch Adolph Wilhelm Dinesen, der ebenfalls feinnervig schrieb, in diesem Tusculum geistige Linderung empfangen? Er frönte seiner Jägerei, unternahm Kutschfahrten und Fischzüge; und zuweilen gab er Order, zum Königlichen Schauspielhaus nach Kopenhagen anzuschirren. Eine Besucherin, der er dort aufgefallen war, erkannte ihn beim Schlittschuhlaufen wieder und bat ihn, eine Minute auf ihre kleinen Schwestern achtzugeben. Er indessen warf eine Auge auf die junge Dame selbst, erkundigte sich nach ihrem Namen und ihrem Zuhause. Und als er einmal von einer seiner Landpartien zurückgekehrt war, notierte er lakonisch: «In Horsens gewesen. Fräulein Ingeborg Westenholz.»[21] Welch eine Familie!

Ingeborg Westenholz' Urururgroßvater war Organist im niedersächsischen Einbeck, wo sein Filius Johann Friedrich Carl Westenholz seit 1728 als Kantor wirkte und sein Enkel Johan Diederich Wilhelm Westenholz 1730 das Licht der Welt erblickte. Diederich wurde candidatus theologiae in Göttingen und später Hauslehrer in Nordjütland; die Anstellung als Gemeindepfarrer von Solbjerg und Sundby hingegen verwirkte er 1782, weil er nach der Verehelichung mit Karen Thomasdatter seinem ersten Kind derartig früh die Taufe gespendet hatte, daß keine noch so rabulistische Explikation von ehelicher Zeugung sprechen konnte. Ein Geschwister dieses vorzeitigen Sprößlings war Thomas Friedrich. Er wurde Verwaltungsbeamter und 1819 Kämmerer von Frederikshavn; doch widerfuhr ihm alsdann Ähnliches wie seinem Vater: «aufgrund von Kassenmangel»[22] sah er sich fünf Jahre später aller Ämter enthoben.

Sein Sohn mit dem Wikingernamen Regnar Lodbrok verstand es, besser mit Geld umzugehen und sich – in ökonomischer Hinsicht – klug zu verbinden. Er hatte mit Getreideimporten ein Vermögen verdient und 1853 das hochfeudale Matrup in Jütland ersteigert, als er sich nach dem Tod seiner ersten Frau Ingeborg mit Mary Lucinde Hansen vermählte, der Tochter des Reeders und Bankiers Andreas Nikolai Hansen, eines «der reichsten Männer von Kopenhagen»[23], und seiner Frau Emma Eliza, die wiederum eine Tochter des Predigers Thomas Grut von der Insel Guernsey war. Weltläufigkeit und Wohlstand prägten seit dieser Trauung das Leben des Clans. Doch je höher nach außen Regnar Lodbrok Westenholz auf der Karriereleiter emporklomm – er wurde 1852 Etatsrat und 1859 Schatzminister –, desto fester klammerte sich im Innern seine Frau an den Rückhalt der Kirche. Und dies insbesondere, als sie mit dreiunddreißig Jahren verwitwet war und plötzlich auf sich gestellt für sieben Kinder Sorge tragen mußte.

Matrup wurde von diesem Datum an zu einem Bollwerk der Moral und Strenggläubigkeit; ein viktorianisches Kastell, dessen Ringmauern erbebten, als Captain Adolph Wilhelm Dinesen – unangemeldet! – auf dem Plan erschien und eindeutige Absichten auf das Fräulein Ingeborg Westenholz kundtat. «Ich meine», schrieb ihre Mutter am 29. Juli 1880

Am 17. Mai 1881 hatten Wilhelm Dinesen und seine Frau Ingeborg, geb. Westenholz, geheiratet. Was sie für ihr kurzes zweisames Leben unter anderem zusammengeführt hatte, war die Liebe zur Literatur. Daher ist die Tatsache, daß jeder der beiden Eheleute – und die Porzellanfigur – ein Buch in der Hand hält, ein Symbol ihres Bundes – und ein Omen für die 1885 geborene Karen Dinesen.

von den Zinnen herab an den Bewerber, «Sie haben sie nur kurz gesehen, weshalb Ihnen die Vorzüge, die wir in unserem Hause an Ingeborg schätzen: ihre fromme, freundliche, sanfte und hingebungsvolle Gesittung, entgangen sein dürften; doch ob Ihr Augenschein nun oberflächlich ist oder nicht, sie hat, finde ich, bloß leidlich Qualitäten, die das Herz eines Mannes gewinnen oder fesseln können.»[24] Aber lagen diese nicht zu Dinesens Behagen gerade darin, daß Ingeborg insgeheim Signale zur Erstürmung der Bastille sandte? «Meine Angehörigen sind, wie Sie walte Gott wissen, die eingefleischtesten Bourgeois, die man sich denken kann. Ich hoffe, daß Ihnen das nichts ausmacht.»[25] Mary Lucinde Westenholz stand auf verlorenem Posten und kapitulierte nach einer Weile mit einer Geste der Zerknirschung und der Rührung. So wurde am 17. Mai 1881 auf Matrup die Hochzeit von Adolph Wilhelm Dinesen und Ingeborg Westenholz gefeiert; dann, nach einem Abstecher ins Hôtel d'Angleterre in Kopenhagen, trug der Bräutigam in sein Diarium den Vermerk ein: «Mit Ingeborg nach Rungsted.»[26]

Es war eine beklemmende Ahnung... fast eine Warnung: als Dinesen mit seiner Frau auf ihr neues Heim zuschritt, unter den Bäumen hindurch, an Weiden entlang bis vor die Küste, da mahnte er: «Was immer jemals geschieht, denke daran, daß wir am letzten Tag des Monats Mai hier angekommen sind und es hier wunderschön war und du glücklich gewesen bist.»[27]

Nichts wies auf ein Verhängnis hin. Statt dessen schenkte sie ihm am 2. April 1883 die erste Tochter, Inger Benedicte, und am 17. April 1885 die zweite, Karen Christentze[28].

Schatten der Zukunft

Ich glaube, es war für mich ein großes Unglück, in der Familie aufzuwachsen, [...], in die ich hineingeboren bin.[29]

Was sollte das für ein Leben werden, wenn die mittlere Tochter von Ingeborg und Adolph Wilhelm Dinesen – sie bekam 1886 noch eine Schwester, Ellen Alvilde – ihre Herkunft dereinst als vertracktes Vermächtnis empfand?

War sie denn nicht Teil eines weit verästelten und tief wurzelnden Stammes? Hier die Westenholzer: rührig, geschäftig, von mächtiger Wohlhabenheit – festgefügt und grundsatztreu. Und dort die Dinesens: nach der Heirat des Draufgängers im Dreijährigen Krieg verschwägert mit dem dänischen Hochadel, bodenständig, aber voller Spannung und Friktionen. Konnte solch ein Netzwerk von Menschen und Mentalitäten

Rungstedlund, die Geburtsstätte Karen Blixens, 1891

Karen Christentze Dinesen (links) und ihre zwei Jahre ältere Schwester Inger Benedicte, 1888

nicht dem jüngsten Mitglied in der Ahnenreihe wie jedem anderen Geborgenheit bieten und Anregung – besonders da Adolph Wilhelm Dinesen durch seine sprachliche Ausdrucksfähigkeit über eine Anlage verfügte, die er Karen als Ingenium mitgegeben hatte?

Seine Artikel und Monographien waren gelobt und gewannen Bedeutung über den Tag hinaus. Die Schilderung der Wirren in «Paris under Communen» («Paris unter der Kommune»)[30] von 1872 diente 1937 dem norwegischen Dramatiker Johan Nordahl Grieg als Quelle für sein

Schauspiel «Nederlaget» («Die Niederlage»)[31] und sickerte durch dieses hindurch 1948 in Bertolt Brechts Theaterstück «Die Tage der Commune»[32] ein. Der Essay «Fra et Ophold i de Forenede Stater» («Von einem Aufenthalt in den Vereinigten Staaten»)[33] vom Juni 1887 galt 1974 als «einer der präzisesten»[34] Reporte, die jemals ein Skandinavier aus God's own country geliefert hatte.

Was Dinesens Œuvre hervorragen ließ, waren neben seiner sachlichen Genauigkeit und seiner beinahe naiven Bekenntnisoffenheit dieselben Merkmale, die 1880 für die sieben Reiseskizzen «Fra Vest til Øst» («Von West nach Ost»)[35] bezeichnend wurden: Erfindungsgabe und Ubiquität. Diese Elemente alle trafen in einer künstlerischen Form aufeinander, als der Autor unter dem Namen «Boganis»[36] in der Landlordidylle von Rungstedlund 1889 erste «Jagtbreve» («Jagdbriefe»)[37] verfaßte – zarte Wortaquarelle à la nature, die oft hinübergleiten in philosophische Reflexionen oder nostalgische Reminiszenzen an seine Abenteuer in Orient und Okzident. Sarkasmen dämmen ab und zu den anheimelnden Redefluß ... «Tränen hat die Bourgeoisie allerwegs parat. Nur mit dem Blut – will heißen: dem eignen – ist sie nicht spendabel»[38] ... dann kehrt die pastorale Stimmung zurück ... der Ruf der Vögel, der Klang ferner Glocken ... und das Träumen ...

> «Die Zeit, sie kriecht, und die Stunden sind lang,
> Es geht mein Geist seinen seltsamen Gang.»[39]

Das Rencontre der Motive, dieses sich auch 1892 in dem Folgeband «Nye Jagtbreve» («Neue Jagdbriefe»)[40] nicht mischen wollende Gemenge aus Wildschützromantik und Agitation, war in einer Phase der Umwertung aller Werte brisant.

Dänemark hatte nach dem Debakel von 1864 ein Fünftel seiner Fläche und ein Drittel seiner Bevölkerung verloren, aber im Zuge seiner Konsolidierung und gefördert von der europaweiten Industrialisierung einen konjunkturellen Aufschwung erlebt, der zunehmend beschleunigt wurde durch die Vernetzung der Verkehrswege. Was mithin gedeihlich war für Handel und Wandel, wurde für Ackerbau und Viehzucht fatal, weil deren Profite unter dem Druck von Importen aus Übersee sanken. Während daher die Junker ihre Autorität angesichts kümmernder Höfe geschwächt sahen, fanden die Arbeiter ihre Bedeutung kraft rauchender Schlote gestärkt. In dieser gegenläufigen Dynamik staute sich ein sozialer Antagonismus auf, ein Widerstreit zwischen beharrenden Parteien und solchen im Aufbruch, zwischen «Venstre» und «Høyre», zwischen der von der Rechten dominierten Staatsführung – mit dem König und dem Oberhaus im Rücken – und der von der Linken majorisierten Anderen Kammer des Parlaments.

Zwei der beständigsten Protagonisten dieser verfeindeten Lager waren vor den Linien der Regierung der Ministerpräsident Jacob Brønnum Scavenius Estrup und vor der Phalanx der Opposition der Publizist Georg Brandes.

Ein paar Monate ehe Adolph Wilhelm Dinesens «Jagdbriefe» hinausgesandt waren, hatte der sechsundvierzigjährige Brandes in Kopenhagen eine Reihe von Vorlesungen gehalten: einen Hymnus auf die ideologische Revolte und ihren Bannerträger, den überragenden Aufklärer und Erlöser des einzelnen. «Es ist nicht, um seine Persönlichkeit sofort wieder aufzugeben, daß der Jüngling unserer Tage danach strebt, er selbst zu werden, und einen Erzieher sucht. Er will sich kein Dogma vormalen lassen, in dem er wieder landen soll. Und er fühlt mit Unruhe, daß er mit Dogmen angefüllt ist. Wie sich selbst in sich selber finden, wie sich selbst aus sich selber ausgraben? Dazu sollte der Erzieher ihm helfen. Ein Erzieher kann nur ein Befreier sein.»[41]

Was Georg Brandes vom Katheder pries, war die Anpassungsverweigerung der autonomen Individuen, war das Sich-Wappnen gegen die Gefahr, «Epigone zu werden»[42], war die Kühnheit, «sich selbst seine Moral zu schreiben»[43] – war, wie die Vortragsserie hieß, «Aristokratischer Radicalismus».

Unter dem Eindruck der Philosophie des Deutschen Friedrich Nietzsche propagierte der intellektuelle Wortführer des Widerstands gegen die seit 1875 andauernde Amtsführung Estrups, das «Estrupiat», eloquent und fashionable eine Haltung, deren Effekt auf das Alltägliche minimal, auf die Literatur indessen enorm war. «Es ist natürlich, daß moderne Schriftsteller, die sich als Kinder der Revolution fühlen, Sympathie hegen für die Männer der großen Empörung […].»[44]

Richtungweisend hatten heimische Kollegen – mitsamt der Avantgarde von den anderen Ufern des Kattegats und Skagerraks – alle Konvention durchbrochen; programmatisch hatten sie dem Faden, Spröden, Guten – mit den vereinten Kräften von Ibsen und Bjørnson und Hansson und Strindberg – das Böse, Wilde, Scharfe vorgezogen. «Realismus» war ihre Devise.

Also nichts mehr da von Poul Martin Møllers epikureischen «Scener i Rosenborg Have» («Szenen im Park von Rosenborg» [1821])[45] oder Steen Steensen Blichers rustikaler Provinzgemütlichkeit in «E Bindstouw» («Die Spinnstube» [1842])[46] oder Hans Christian Andersens mythengläubiger Heilsbotschaft in «Lykke-Peer» («Glücks-Peter» [1870])[47]! Jetzt stand das Kranke und Leidende auf der Agenda, das Schwächliche und Erschöpfte. «Niels Lyhne war müde»[48] – die Aussage Jens Peter Jacobsens registrierte eine Gesamtbefindlichkeit, der Herman Bang im Titel seines Romans «Haabløse Slægter» («Hoffnungslose Geschlechter»)[49] 1880 ihre triste Signatur verlieh.

Denn Zuversicht und Rüstzeug zur Überbrückung der Klüfte zwischen Kasten und Klassen konnten die Spiegelfechter «des modernen

Durchbruchs»[50] nicht geben. Statt dessen wollten sie – gleichsam für den Salon –, wie Georg Brandes erklärte, «Probleme zur Diskussion stellen»[51]. Ihr Protest war Nihilismus, ihr Ennui war Mummenschanz. Und «aristokratischer Radicalismus» gehörte zu den Schockimpulsen in abstracto.

In concreto verhallte Georg Brandes' Parole ... Das wurde spürbar, als der Kritiker sie zum anderen Male benutzte, und zwar pikiert in einer Rezension: «Man hätte einen aristokratischen Radikalismus erwarten können, wie er sich dieser Tage im dänischen Kulturleben anbahnt. Aber es scheint, der Skribent neigt heftig der demokratischen Richtung zu.»[52]

Der Angesprochene war Adolph Wilhelm Dinesen. Dieser hatte – gleichsam für die Straße – in der Belletristik etwas Unerhörtes vorgebracht: eine Interessenvertretung der kleinen Leute, die von direkter Aktion nicht weitab war. Konsequent setzte er den «Willen zur That»[53] in Handlung um und zog 1892 für den Wahlkreis Grenaa in das Folketing ein.

Trotz dieser ihn von nun an zermürbenden Obliegenheit widmete er sich, wann immer er in Rungstedlund weilte, geduldig seinen Töchtern sowie den 1892 und 1894 hinzugekommenen Söhnen Thomas Fasti und Anders Runsti. Karen freilich, «Tanne», bevorzugte er. Sie war ein gedankenverlorenes und in sich gekehrtes, ernsthaftes Mädchen, das man auf keinem Foto aus Kindertagen lächeln sieht; offenkundig hatte sie das sensible Temperament ihres Vaters geerbt. Und vermutlich war auch er es, der hinter dem frühesten Erlebnis stand, das sich in ihr Gedächtnis eingebrannt hatte: *Meine allererste Erinnerung geht dahin, daß mir jemand einen steilen Berg hinaufhilft, damit ich von dort oben eine imposante Aussicht genießen kann. Ich muß zu dieser Zeit drei Jahre alt gewesen sein. Im folgenden Lenz lernte ich wie früher oder später jedermann lesen, war darauf aber ganz ungeheuer stolz.*[54]

Im Unterschied zu ihren Brüdern sollte Karen niemals eine Regelschule besuchen; sie erhielt dafür mit ihren Schwestern eine häusliche Erziehung durch die Mutter, die Tante Mary Bess Westenholz («Tante Bess») und die Gouvernante Zøylner.

Wenig drang in die Abgeschiedenheit von Rungstedlund vor. Abwechslung brachten allein die Visiten des Vaters und die Streifzüge mit ihm. Dabei wurde er zum Idol «seiner süßen kleinen Babuschka»[55], zu Karens Vertrautem, dem innig ersehnten wissens- und geschichtenreichen geliebten Gefährten.

Dieser Mann, so hat sie es fortan aufgefaßt, verriet sie, als er sich in der Nacht zum 28. März 1895 erhängte.

Viele haben versucht, das Motiv dieses Selbstmords zu ermitteln. Über ein eheliches Zerwürfnis wurde spekuliert[56], über politische Differenzen[57] und pekuniäre Schwierigkeiten[58]. Der Sohn Thomas breitete pietätvoll den Flor der Ahnungslosigkeit aus: «Warum – ich weiß es nicht.»[59]

Georg Brandes auf dem Katheder. Das Gemälde seines Landsmanns Peder Severin Krøyer aus dem Jahre 1901 macht in der Hervorhebung der selbstsicher-ironischen Attitüde des Redners und seiner distinguierten Pose, kurz: in der Noblesse der gesamten Erscheinung sichtbar, daß der «Radicalismus» dieses vor-zeiten glühenden Verfechters des modernen Durchbruchs am Ende aristokratisch geworden war.

Jedoch, wer die Todesbereitschaft in den «Neuen Jagdbriefen» be-merkt hatte – «Ein Sarg, und ich nähme ihn dankend»[60] –, wer gehört hatte, wie Dinesen einem Abgeordneten versetzte: «Für mich ist auf Er-den alles vorbei»[61], und wer sich an den therapeutischen Waldgang von 1872 erinnerte, dem mußte einleuchten, daß diesen Grübler «eine an Irr-sein grenzende Melancholie»[62] angewandelt hatte. Er war, wie Georg Brandes in seinem Nekrolog hervorhob, ein «Sonderling»[63] gewesen: un-ter den Menschen ein, wie die Zeitung «Politiken» es am 29. März 1895 ausdrückte, «Einsiedler»[64].

... nur von Schwingen, nur von Schwingen

Eremitentum und Suizid waren Phänomene, die gegen jede soziale Schicklichkeit verstießen, aber für die an Nietzsche geschulten Brandesianer Selbstbestimmtheit sichtbar machten.

In der Tat hatte sich Adolph Wilhelm Dinesen, dieser «träumende Schwärmer»[65], durch seine Unerschrockenheit, seine Unrast und Unberechenbarkeit, durch sein allzeit changierendes ‹Un-› einen Freiraum geschaffen, eine Gegenwelt der Bindungslosigkeit, der Spontaneität und Imagination, deren Anziehungskraft auf Karen unwiderstehlich wurde, als die Mutter im Bemühen um das Wohl ihrer fünf Kinder Weisung suchte bei jenen Denk- und Verhaltensmustern, nach denen sie selbst geformt worden war: denen der christlichen Kirche und des zopfigen Spießbürgertums.

Wie trefflich hatte es sich da gefügt, daß Mary Lucinde Westenholz gleich nach der Hochzeit ihrer Jüngsten auf das Gut Folehave umgesiedelt war, knapp eine Stunde Fußwegs von Rungstedlund entfernt. Gestützt auf die ledige Tochter Mary Bess und zum Frommen der unter so peinlichen Umständen vom Kreuz der Männlichkeit erlösten Tochter Ingeborg konnte sie frischauf ein neues, ein Groß-Matrup errichten, einen Hag – wohlgemerkt – der Fürsorge und Nächstenliebe, indessen auch der Gottesfurcht und Sittenstrenge. «Die Kinder einer Witwe», hieß es in tuntiger Verschrobenheit, «müssen sich besser benehmen als andere Kinder.»[66] Caritas und Kuratel!

Deswegen: weil Karen Dinesen unter dem Verlust ihres Vaters so litt, nahm sie die Vormundschaft der Pleureusen über das Unangepaßte, Schweifende, scheinbar Verrückte nicht hin, sondern entwickelte Reserviertheit und Ranküne, «eine Neigung», wie ihr Bruder Thomas sich erinnerte, «das für einzig recht und richtig Deklarierte zu unterminieren»[67]. Sie wurde die «fille terrible»[68] der Familie; und als sie sich das erste Mal publizistisch hervortat, signierte sie mit «Osceola» und «Peter Lawless», mit zwei Provokationen, denn Osceóla war ein aufständischer Indianerhäuptling[69] und *lawless* die Adaption altnordischer Unfügsamkeit[70]. Diese stand unter einer Zeichnung[71], jene unter einer Erzählung[72].

Karen Dinesen, um 1900. Daß sich die Fünfzehnjährige als Großmutter Mary Lucinde kostümierte, zeugt nicht allein von ihrer Lust an Verkleidung, sondern auch von ihrer Kunst der Verstellung: war doch die bigotte Folehave-Welt der Westenholzer Damen – neben der Greisin wohnten dort noch ihre ledigen Töchter, Tante Karen und Tante Bess – längst kein Leitbild mehr für «Tanne», bestenfalls dagegen das Vorbild ihrer Parodie.

Karen Dinesen war aus der stumpfmachenden Achse Folehave/Rung-stedlund ausgeschert und eingedrungen in jene Zone von Bewußtheit und Kreativität, die ihr der Vater aufgeschlossen hatte. Sie verschlang Berge von Faszikeln und Folianten, las – nicht selten in der Sprache des Originals – Werke der Weltliteratur und war Feuer und Flamme für das Pathos und den «*grand mot*»[73] – sowie die Wildheit der *ungezähmten, von der Salzflut gegerbten jungen Seefahrer*[74] – in den Wikingersagas. Am meisten jedoch schätzte sie William Shakespeare, dessen «Sommernachtstraum» sie illustrierte: mit verhaltener Bleistiftführung, aber mit Instinkt für Dekoration und gestische Wirkung.

> «[…] Und wie die schwangre Phantasie Gebilde
> Von unbekannten Dingen ausgebiert,
> Gestaltet sie des Dichters Kiel, benennt
> Das luft'ge Nichts und gibt ihm festen Wohnsitz.»[75]

Fünfzehn Jahre war Karen Dinesen alt – *sehr unglücklich*[76] – und suchte, jenseits der rules and regulations[77] von Rungstedlund und Folehave «das luft'ge Nichts» zu greifen.

Sie leitete die Aufführung ihres Schauspiels *Hovmod staar for Fald* («Hochmut kommt vor dem Fall»), verfeinerte in Lausanne ihr Französisch, zeichnete pittoreske Motive am Genfer See, belegte heimgekommen eine Vortragsreihe an der Volkshochschule von Hillerød; und sie schrieb. Sie füllte blaßblaue Kladden mit Trollen, Kobolden und Nissen und schmiedete Sonne-Wonne-Herz-Schmerz-Verse, erdachte Fragmente zu Dramen voll Gewalt und Passion und verzierte das Ganze mit Vignetten und Skizzen und Ornamenten, mit grinsenden Teufeln und Damen im Reifrock: ein Jungmädchen-Universum aus Angelesenem und Verschmocktem, durchmengt mit Ewaldscher Prosodie und «Niálssaga»-Epik, Testate eines unbändigen Schöpferdranges – und bisweilen eines Aufbegehrens gegen das bigotte westenholzische Philistertum! *Es ist nicht so,* heißt es 1904 in der Geschichte *Advokaten i Bergen* («Der Advokat von Bergen»), *daß ein Gesetz sklavisch befolgt werden muß, selbst wenn es an und für sich einleuchtend ist. Jeder Mensch hat das Recht, sein Schicksal in eigener Macht zu bestimmen, unabhängig von den Gesetzen, die andere aufgestellt haben [...].*[78] Das war vom Schlage Adolph Wilhelm Dinesens, war ein Echo des Emanzipationselans von Georg Brandes.

Wie nahe sich die Neunzehnjährige dem Kritiker fühlte, demonstrierte sie, als er im Spital lag und sie ihm zur Huldigung dessen, *was ich für die höchste Offenbarung von Geist und Genie hielt*[79], einen Blumengruß schickte. Gerührt versprach der Beschenkte seine Aufwartung auf Rungstedlund. Doch als er die Bastion des Konservatismus betrat, wurde Karen von der Mutter aufs Zimmer verbannt.

Wohlmeinend zwar, aber in ihrer Rückwärtsgewandtheit zu keiner Vorausschau befähigt ermaß Ingeborg Dinesen nicht die Entschlossenheit ihrer Tochter, den jüngferlichen Großmama- und Tantencordon zu überwinden. Tannes Liedchen *Vinger* («Schwingen») fand sie reizend. Aber hat sie es verstanden?

> *[…] Selbst Vögel, die im Käfig geschlüpft sind,*
> *sich träumend himmelwärts entringen,*
> *drum singt mein Herz in seinem Gefängnis*
> *nur von Schwingen, nur von Schwingen.*[80]

Rungsted's a prison. Und Karen Dinesens Flüggewerden ist als Fluchtantritt zu betrachten. Sie besuchte einen Zeichenkurs bei den Damen Sode und Meldahl und avancierte von 1904 bis 1906 auf die Königliche Akademie der bildenden Künste in Charlottenborg. Sie begann, Reisen zu machen – zu Angehörigen in England und Schottland und Schweden. Doch als sie am 24. März 1910 im Abteil des Zuges saß, der sie nach Paris befördern sollte, fiel ihr ein, was ihr auf dem Bahnsteig in Kopenhagen beim Anblick der Schwestern in ihren Paletots und Pelerinen durch den Kopf geschossen war: *Lieber Gott, dieses graue verschlissene, kindische, unendlich abgeschmackte Dasein […], es ist nicht zum Aushalten!*[81]

Sie war nun vierundzwanzig und sah das Leben an sich vorüberstreichen. Kaum ein Jahr, daß nicht eine ihrer Freundinnen sich verlobt hatte oder in der Verwandtschaft Hochzeit gehalten wurde. Letztens erst war ihre Großcousine, die Komtesse Anne Margrethe «Daisy» Krag-Juel-Vind-Frijs zum Entzücken der Familie in den Ehestand getreten.

An dem Bankett auf Frijsenborg hatten auch Karens beide Vettern zweiten Grades aus dem schonischen Näsbyholm teilgenommen, Bror und sein Zwillingsbruder Hans Baron von Blixen-Finecke, den sie inbrünstig anbetete. Er hingegen, ein berüchtigter Don Juan und vollblütiger Sportsmann, spielte mit der Kunstliebhaberin, wies sie dann aber so rüde von sich, daß sie die Verletzung ihrer Gefühle lange nicht verwinden konnte. Im Alter meinte sie, es sei diese traurige Berücktheit gewesen, die ihre Jugend *am meisten von allem*[82] beeinflußt habe.

Ihr literarisches Debüt war über der Affäre in Vergessenheit geraten. Stolz und Tröstung vermochte es nicht mehr zu geben. Zu weit lag es zurück, daß 1907 von «Osceola» im Augustheft der Zeitschrift «Tilskueren» – in jenem Periodikum just, in dem Adolph Wilhelm Dinesen zwanzig Nummern zuvor aus Nordamerika berichtet hatte – erstmals ein Opus gedruckt worden war, eine Geschichte, die in der Überschrift das Wort trug, das «Politiken» dem verstorbenen «Boganis» nachgerufen hatte.

Eneboerne (Die Einsiedler) erzählt von Lucie Vandamm, die mit ihrem Mann auf einem ungastlichen Eiland wohnt. Sie besitzt ein *phantasievolles und empfindsames Gemüt*[83] (und einen Vater, den die karge Anerkennung als Politiker *etwas bitter gemacht* [84] hat); dadurch sieht sie, während Eugène Vandamm über einer philosophischen Abhandlung brütet und ein Sturm nach dem anderen das Haus auf den Klippen umtost, Wesen hinter der Wirklichkeit, Schimären, Zombies und Phantome wie den galanten Wiedergänger Christobal Christmas, der sie bedrängt, die Ödnis aufzugeben, den Nebel, das Dunkel: *«Sie verwurzeln hier doch, ohne daß Sie es wissen, aber das darf nicht geschehen, Sie müssen abreisen. Noch können Sie die Insel verlassen.»* [85] In Treue zu ihrem Gatten folgt Lucie dieser Aufforderung nicht und verkümmert und stirbt.

In seinem schlichten Aufbau sowie in seinem Eklektizismus aus abgewetztem Märenstoff und dünnem tales-of-terror-Pastiche fügte sich *Eneboerne* vortrefflich dem Usus der Redaktion von «Tilskueren», in Sommermonaten vorzugsweise triviale Beiträge zu liefern. Gleichwohl bezeugte Karen Dinesens Erstling kompositorisches Talent und Geschick darin, seelische Strömungen künstlerisch zu veranschaulichen.

Deshalb und weil die Konkurrenz, «Gads danske Magasin», im Oktober 1907 ebenfalls eine Novelle «Osceolas» veröffentlicht hatte, *Pløjeren (Der Pflüger)* [86], ließ sich der Herausgeber von «Tilskueren», Mario Krohn, nach einem zähen Briefverkehr der jungen Autorin mit der Schriftleitung überreden, 1909 eine weitere Arbeit der Dinesen anzunehmen, *Familien de Cats (Die Familie de Cats)* [87], eine Burleske.

Die Familie de Cats, die von ihrem Fatum favorisiert ist, weil es in ihr stets einen Außenseiter gibt, der alle ihre Laster auf sich lädt, sieht mit Entsetzen, wie der gegenwärtige Bock des Sündopfers, Jeremias, sich geläutert hat. Nur unter Aufbietung beträchtlicher Summen gelingt es, den Paulus zu überreden, sich in einen Saulus rückzuverwandeln. *So wurde die Familie de Cats das, was sie früher gewesen war, das Gewissen des Landes, und das ist sie vielleicht noch heute.* [88] Die moralische Ordnung ist wiederhergestellt, und niemand merkt, daß Gut und Böse ihren Wirt gewechselt haben.

Es war diese scheinheilige de-Cats-Tafelrunde der Krag-Juel-Vind-Frijs' und von Blixen-Fineckes, diese erdrückende Vandamm-Isoliertheit von Folehave und Rungstedlund, die Karen Dinesen am 24. März 1910 floh, als sie in den Waggon nach Paris stieg. Und es war ihre nun selbst gerechtfertigte Jeremias-Laune, die sie beschwingte, sich an der Seine *nicht das Allermindeste* [89] um den Unterricht in der Malklasse von Lucien Simon und Emile René Ménard zu kümmern, sattsam dagegen um die Dekoration ihrer Hütchen, um den Flirt *mit Wedell und den andern* [90] und die «Les Apaches»-Revue am Boulevard des Italiens – *das war sehr amüsant* [91]. Und die Literatur –? *Alles im Leben ist mir lieber,* erwiderte sie Mario Krohn auf dessen Frage, *als Schriftstellerin zu sein – Reisen, Tanzen, Leben, die Freiheit, Bilder zu malen.* [92] Nur weg! Weg vom Fabulieren per diletto! Weg von Hans! Und weg von Dänemark!

Sie unternahm eine Skitour mit Thomas Dinesen in Norwegen und

Zwischen Stuckrahmen und Stickdeckchen! Mary Lucinde Westenholz in ihrer Wohnstube auf Folehave. In Schulterhöhe rechts neben ihr kann man auf dem Wandbehang das Wort «hyggelig» erkennen, das jene dösig-dumpfe Gemütlichkeit beschwört, der Karen Dinesen im Frühjahr 1910 nach Paris entkommen wollte. «Zu Ea sagte ich: ‹Gäb doch der Tapetenwechsel dem Leben wieder etwas Charme.› »

Bror Frederik Baron von Blixen-Finecke, um 1913

vergnügte sich im Frühling 1912 mit ihrer Freundin «Daisy» – jetzt verehelichte Grevenkop-Castenskiold – in Rom.

Reisen, Tanzen, Leben …

Sie war mittlerweile eine Frau von siebenundzwanzig Jahren und suchte einen Notausgang aus dem, was *nicht zum Aushalten* war: *die Luft ist verbraucht*[93].

Da bot sich ein Fluchthelfer an.

Bror Frederik Baron von Blixen-Finecke, geboren 1886, war der jüngste Nachfahr seines auf Näsbyholm in Südschweden residierenden Adelsgeschlechts – und er war der dritte Sohn. Demzufolge hatte er keine Chance, einmal das väterliche Gut zu übernehmen. Und weil er überdies «von weichherziger und ein bißchen schwermütiger Natur»[94] war, blieb ihm anders als seinem smarten Zwillingsbruder Hans zudem die Offizierslaufbahn versperrt. Er galt als Bummelant und Versager und gewann als solcher eine für die High-Society ungewohnte Bodenhaftung. Er wurde Milchbauer auf dem bescheidenen Stjärneholm nördlich von Näsbyholm – ein Mann im Abseits der von Blixen-Fineckes und Krag-Juel-Vind-Frijs', von denen die Mutter herstammte: ein Paria, der seine Benachteiligung mit Amouren kompensierte und shocking war, ein schwarzes Schaf.

In ihm fand Karen Dinesen einen Leidens- und Gesinnungsgenossen, dem sie sich, als er um sie warb, am 23. Dezember 1912 – in Torschlußpanik eher denn aus Liebe – versprach. Und ein jeder war erleichtert.

Karen hatte einen Ausweggefährten. Bror konnte sich allem Argwohn entziehen. Und die Verwandten sahen das Mittel, die bockbeinigen Jeremias-Kinder loszuwerden. Ein Onkel des Bräutigams weckte ihr Interesse für Sibirien; ein Oheim der Braut schlug Malaya zur Emigration vor – bis Mogens Graf Krag-Juel-Vind-Frijs, der größte Landbesitzer Dänemarks, «Daisys» Vater, ein anderer Onkel von Bror, aus Afrika zurückkehrte.

Bror hat die Szene nie vergessen.

«‹Eine gutgeführte Farm in Ostafrika könnte ihren Eigentümer im Nu zum Millionär machen›, sagte Mogens Frijs […].

‹Schneller als eine gutgeführte Gummi-Pflanzung in Malaya?› fragte ich.

‹Aber ja doch.›

‹In diesem Fall …!› rief ich und schaute zu Tanne. Sie nickte. Und damit war unser Kurs abgesteckt. Anstelle von Penang lasen wir Nairobi; anstelle von Malaya Ostafrika.»[95]

Wohlausgestattet mit Vollmachten und Geld, brach Bror von Blixen-Finecke am 24. März 1913 in das Protektorat Britisch-Ostafrika auf, um dort «eine Rinderfarm oder Kaffeeplantage»[96] zu kaufen. Karen Dinesen folgte ihm am 2. Dezember.

An jenem Dienstag schloß sie den Kreis ihrer Jugend.

Karen Dinesen, 1913, kurz vor der Abreise zu ihrem Verlobten Bror Blixen nach Ostafrika – so wie die Verwandten und Freunde sie in Erinnerung behalten sollten: versonnen und mit dem Anflug eines Lächelns...

Als Dreizehnjährige hatte sie in *Kassandras Rejse (*Kassandras Reise*)*, einem frühreifen Dramolett, ihr Alter ego sagen lassen: *Ach, mein süßer Bräutigam. Lieber will ich zusammen mit Dir ein Spielball der Stürme sein als mit irgend jemand anderem auf Erden friedlich dahinsegeln.*[97]

An Böen und Brisen sollte es forthin nicht mangeln.

«an escapist's Utopia»[98]

Die Fahrt war ruhig. Ingeborg Dinesen, schwarz in schwarz gekleidet wie stets, und ihre Tochter Ellen geleiteten Tanne bis nach Neapel. Dort sagten die Frauen am 28. Dezember 1913 einander adieu, und Karen bestieg einen Dampfer der Deutschen Ostafrika-Linie. Sie überquerte das Mittelmeer, passierte den Suezkanal und das Rote Meer und umrundete Kap Hafun, immer der Küste entlang, weiter und weiter gen Süden. Das Leben an Bord der «Admiral» war bequem, Bror Blixen hatte einen seiner Diener vorausgeschickt; und die Gesellschaft war erlesen. Ein Mitreisender erinnerte sich ein Menschenalter später: «Prinz Wilhelm von Schweden mit Begleitung stieg ein, um in Kenia Löwen zu jagen. Meine Tischnachbarin, Karen Dinesen, eine Dänin, die mit dem schwedischen Kaffeepflanzer in Kenia Baron Blixen-Finecke verlobt war, wollte bei ihrer Ankunft in Mombasa heiraten. Wir freundeten uns an, und ich gab ihrem Somaliboy Farah, der ihr bis Aden entgegenkam, ein Reiterbild, das er seiner Herrin zur Hochzeit übergeben sollte, mit dem bekannten Vers:

> ‹Das Paradies der Erde
> liegt auf dem Rücken der Pferde,
> in der Gesundheit des Leibes
> und am Busen des Weibes!› »[99]

Der nicht ganz zitatenfeste[100], aber schneidige Kavalier war der Befehlshaber der Schutztruppe für Deutsch-Ostafrika General Paul von Lettow-Vorbeck, der seine Dame zur Rechten so faszinierte, daß sie ihn unverzüglich in ihrem ersten Brief in die Heimat erwähnte: *Ein deutscher Offizier, von Lettow, aus einer richtigen alten Mecklenburger Familie, ist mein bester Freund gewesen [...].*[101]

Konnte sie ahnen, daß sie dieser Konnex binnen kurzem in Bedrängnis bringen würde – jetzt, wo sie ihr Gepäck zum Ausbooten verschnürte?

Als die «Admiral» am 13. Januar 1914 vor Mombasa auf der Reede von Kilindini ankerte, kam Bror Blixen mit einer Schaluppe längsseits

Paul von Lettow-Vorbeck. Als er nach der gemeinsamen Überfahrt im Januar 1914 in Kilindini von Karen Dinesen Abschied nahm, verabredete er sich mit ihr für den August zu einer Safari. «So jung kommen wir nicht wieder zusammen.» Das war weitblickend gesagt: sie sollten sich erst 1940 in Bremen aufs neue begegnen. – Was der Erste Weltkrieg verhindert hatte, machte der Zweite möglich.

und ruderte seine Braut zum Pier. Die Trauung war für den nächsten Vormittag anberaumt. Prinz Wilhelm, der zweite Sohn des schwedischen Königs Gustav V., ein Grand Tourist und Tagebuchschreiber, hat den feierlichen Akt festgehalten, eine Skurrilität aus dem Distriktsbüro am Treasury Square, wo Charles William Hobley nun seines Amtes waltete, als wollte er sich einem Roman von Graham Greene empfehlen.

« ‹Also frage ich dich… Verzeihung, wie war gleich der Name, sonderbar… ob du die hier anwesende…› Die beiden helfen ihm gutmütig auf die Sprünge. Der Bräutigam: breitschultrig, blauäugig und sonnengebräunt, entspannt und unbefangen in seinem leichten Anzug, der lange nicht gebügelt wurde. Sie: schlank und wohlgewachsen mit tiefliegenden intelligenten Augen in einem ebenmäßigen Gesicht unter dichten kastanienbraunen Haaren. Das schlichte, aber vorzüglich geschnittene Tageskleid läßt auf ein erstklassiges Modeatelier schließen. Sie ist die Backofenglut nicht gewohnt und tupft sich mit ihrem Spitzentüchlein ein paar glitzernde Perlen von der Stirn. […]

Die Zeremonie ist beendet. Im selben Moment, in dem der Standesbeamte seine Mappe zuschlägt, blinzelt eine graue Eidechse, die sich hinter dem Leopardenkopf an der Wand versteckt gehalten hatte, hervor und fängt eine Fliege. Das geht blitzschnell, und bald hängt ihr nur noch ein zerzauster Flügel aus den Mundwinkeln, während sie den Rest des Insekts mit breiten Kiefern gemächlich zu Breit kaut. Fressen oder gefressen werden – eine beredte Illustration für die Umgangsformen der Fauna in diesem Teil der Erde.»[102]

Dieser Teil der Erde, das Land der Kikuyu, Massai und Somali, war seit 1895 ein britisches Protektorat. Über Mombasa exportierte es Kaffee und Sisal, Elfenbein und Tee; und die Uganda Railway transportierte seit 1901 europäische Siedler von den Gestaden des Indischen Ozeans bis an den nördlichen Saum des Victoriasees, nach Kisumu. «Auf der Hochebene pflügt sich der Zug seinen Weg durch ganze Rudel von Giraffen und Gnus, Antilopen, grazilen Gazellen (Grant- und Thomsongazellen) und Straußen und Zebras. Eine solche Überfülle von wilden Tieren, wie man sie in früher Morgenstunde vom Coupé aus zum Greifen nah beobachten kann, gibt es sonst nirgendwo auf der Welt. Linker Hand, nur drei-, vierhundert Yards neben uns, galoppiert eine Elefantenherde und mittendrin ein Nashorn. Mit bloßem Auge kann man verfolgen, wie sich eine

Das Protektorat Britisch-Ostafrika – nunmehr die Kolonie Kenia. Der Demarkationslinie zum Tanganyika Territory entsprach bis 1918 die Grenze zum «Schutzgebiet» Deutsch-Ostafrika. Diesseits und jenseits meinten damals noch viele Europäer, hier seien Gefilde, «wo wir» – wie der Historiker Basil Davidson kolportierte – «tun können, was wir wollen».

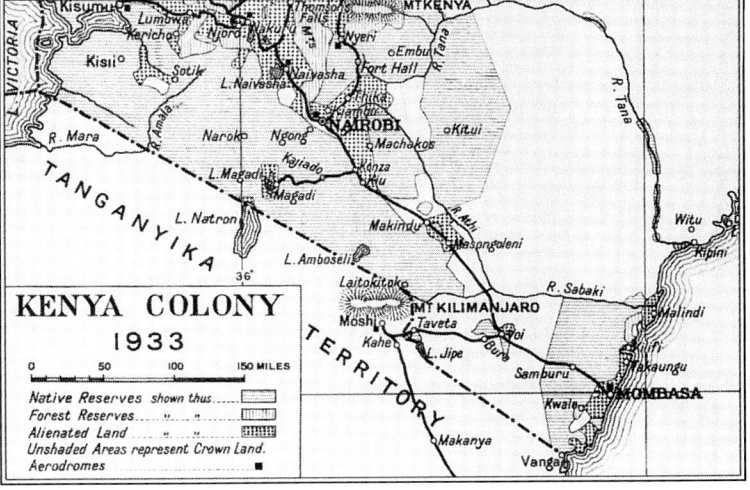

Hyäne nach ihrem nächtlichen Jagdausflug zum Flußbett stiehlt, um in der Helligkeit des Tages zu dösen.

Und nicht eines all dieser Tiere nimmt im geringsten Notiz von der schmauchenden und schnaufenden Lokomotive und den ratternden Eisenbahnwagen.»[103]

Sie fuhren parallel zur Grenze mit Deutsch-Ostafrika, das im Süden lag, und erreichten nach achtzehn Stunden unterhalb der N'gong Hills den «Ort des kalten Wassers», Nairobi.

Vor der Stadt, in einer Höhe von zweitausend Metern über dem Meer, hatte Blixen im vergangenen Jahr von der «Swedo», der «Swedo-African Coffee Co.» seines Landsmanns Åke Sjögren, für sechstausend Pfund «Prosper's farm» gekauft, einen Betrieb von sechshundertsechzig Acres oder zweihundertsiebzig Hektar. Auf dieser Fläche, die zum Teil bewaldet war, sollte nicht nur Kaffee angebaut, sondern – und zwar am Anfang überwiegend – Nutzholz eingeschlagen werden.[104] In der Sprache der Eingeborenen hieß die Farm M'bagathi. Und hierher führte Blixen am 15. Januar 1914 seine Frau.

Länger als einen Monat war sie nach ihrem neuen Zuhause unterwegs gewesen, dem Fluchtpunkt jenseits von Dänemark. Rungstedlund und Folehave waren hinter dem Vesuv, den Minaretten von Port Said und dem Äquator versunken. Karen Dinesen war wie durch ein Schleusensystem aus Impressionen und Sensationen hineingeglitten in eine vita nuova. Und sie faßte es kaum. *In Nairobi gab es einen offiziellen Empfang und ein Frühstück beim Gouverneur in einem wunderschönen Haus – der Gouverneur war mein Tischherr, und auf der anderen Seite saß der Vice-Gouverneur neben mir, und alle fügten nach jedem zweiten Wort mir gegenüber ‹Baronesse› ein; anfangs begriff ich überhaupt nicht, daß ich damit gemeint war.*[105]

Vierzehn Tage vor ihrer Ankunft hatte einer der englischen settlers im Lande, Reginald Berkeley Cole, den Muthaiga Country Club gegründet, über dessen großem offenem Kamin ein Motto eingemeißelt war: «Na Kupa Hati M'zuri.»[106] Würde dieser Suaheli-Segen auch für Karen Baronin von Blixen-Finecke Geltung besitzen – «Ich bringe Dir Glück»?

Gewisse Bedingungen schienen erfüllt: zwei outcasts hatten durch ihre Heirat die Schwäche des jeweils anderen austariert. Der unbemittelte Aristokratensohn hatte das Prädikat seines Geblüts und die damit gehobene gesellschaftliche Stellung eingebracht, die wohlsituierte Gutsbesitzerstochter hatte die Ressourcen ihrer Verwandten und die damit gebotenen unternehmerischen Möglichkeiten zugänglich gemacht.

Denn alles, was sich für Karen Blixen einmal zu dem magischen Begriff «Afrika» ausformen sollte, war vorbereitet und gedeckt durch den kaufmännischen Sachverstand ihres Onkels Aage Westenholz. Unter dessen Ägide hatte sich 1913 ein Konsortium von Freunden und Angehörigen versammelt, das mit seinen Einlagen die Basis für das Vorhaben des

Abenteurerehepaars schuf. So gesehen war der künftig am häufigsten zitierte Satz Karen Blixens *I had a farm in Africa*[107] unrichtig, weil de facto ihre Mutter und deren Bruder jeweils hundertfünfzigtausend dänische Kronen bereitgestellt hatten (wobei die Hälfte der Investition von Ingeborg Dinesen definiert war als Vorgriff auf Tannes Erbe). Dieses Geld bildete das Grundkapital einer zunächst formlos etablierten Corporation, deren Geschäftsführer Aage Westenholz wurde. Er nannte sie nach Karen Westenholz, seiner Tochter, – notabene nicht nach seiner Nichte! – «Karen Coffee Co., Ltd.» (KCC)[108]. Bror Blixen erhielt als Repräsentant des Kopenhagener Stammhauses in Britisch-Ostafrika den Titel «Direktor» und stand im Sold der Firma. Zuzüglich zu seinem Fixum von fünfundzwanzig englischen Pfund monatlich erhielt er vier Jahre lang Gratisaktien der KCC im Wert von fünfhundert Pfund und das Recht, bis Ultimo 1918 Papiere für nominal zehntausend Pfund mit einem siebenprozentigen Aufschlag zu erwerben. «Er und Tanne konnten sich also peu à peu von der Familie freikaufen und ihr eigener Herr werden.»[109]

Aus der Zeichnerin und Malerin, der verträumten Literatin, dem späten Mädchen vom Rungsted Strandvej war eine Farmersfrau im ostafrikanischen Hochland geworden, eine Kaffeepflanzerin, die Lohnherrin über mehr als tausend Eingeborene. *Was das Bücherschreiben hier draußen angeht, so wird das wohl nicht viel werden.*[110] Das Äquivalent lag infolge der Umtriebigkeit ihres angetrauten Kompagnons auf der Hand: statt *Bücherschreiben* Buchhaltung.

Kaum aber war Karen Blixen akklimatisiert, kaum waren die Kisten aus Europa mit den Lampen und Bildern und Uhren, der Bibliothek des Großvaters Regnar Lodbrok Westenholz, dem Silber und Porzellan und Kristall ausgepackt und kaum war das Meublement über die Räume auf M'bagathi verteilt, da wurde die – wie die Somali sie nannten – «Adhama Ulaja»[111], *die große Weise*[112], von einer fiebrigen Erkrankung, die sie für Malaria hielt, über einen Monat lang ans Bett gefesselt.

Sie erholte sich mühsam. Doch sobald sie wieder bei Kräften war, nahm Bror Blixen sie zur Zerstreuung ihrer Niedergeschlagenheit mit auf Safari. Es wurde ein Staunen, Bewundern, ein Rausch – die Erfüllung dessen, nach dem sie seit ihrer Jugend gelechzt hatte.

Reisen, Tanzen, Leben…!

Noch so aufgewühlt, daß sie im Überschwang von Ergriffenheit und Lust das Datum vergaß, begann sie einen Brief an ihren Bruder Thomas: *Ich habe vier Wochen in den glücklichen Jagdgründen verbracht und komme direkt aus der Herrlichkeit der großen, wilden Natur, aus dem Leben der Urzeit, das heute so ist wie vor tausend Jahren, von der Begegnung mit den großen Raubtieren, die einen verzaubern und einem den Kopf verdrehen, daß man denkt, es gäbe nichts anderes mehr, das das Leben lebenswert macht, als Löwen – gestärkt von der Luft des großen Hochgebirges, gebräunt von seiner Sonne, erfüllt von der freien, wilden, mächtigen*

Schönheit der in der Hitze gleißenden Tage und der großen, klaren Mondscheinnächte. Ich leiste aufrichtige Abbitte bei den Jägern, deren Leidenschaft für die Jagd ich nicht verstanden habe. Es gibt in der Welt nichts Vergleichbares.

Kurz bevor ich abfuhr, hat Bror mir ein 256er Gewehr mit Fernrohr geschenkt, eine herrliche Waffe; zunächst hatte ich fürchterliche Angst, sie abzufeuern, aber jetzt habe ich allmählich gelernt, sie zu handhaben. Bror ist ein ausgezeichneter Lehrmeister. Gleich den ersten Tag habe ich eine Schachtel Patronen verloren, und weil ich ohnehin zu wenige bei mir hatte, wachte ich ängstlich über meine Schüsse; mit einhundert Patronen habe ich vierundvierzig Stück Wild erlegt. Man kommt hier draußen immer wieder leicht in die Versuchung, aus zu großer Entfernung zu schießen, aber Bror hat mich durch eiserne Strenge davon abgebracht, und mich mit viel Geschick nahe an das Wild herangeführt. Und doch habe ich aus vierhundert Metern Entfernung Gnus und Steppenkuh-Antilopen direkt ins Herz getroffen. Ich habe zwanzig verschiedene Wildarten geschossen – alle gewöhnlichen Hirscharten, Zebras, Gnus, Elen-Antilopen, Antilopen, Marabus, Schakale, Wildschweine, einen Löwen, einen Leoparden und eine Menge großer Vögel; mit einer Schrotflinte kann ich noch nicht umgehen. Noch immer sitzt mir ein großer Leopard wie ein Dorn im Herzen; ich sah ihn an einem frühen Morgen über einen Berg heraufkommen und keine zehn Schritte von mir entfernt ruhig und majestätisch vorbeigehen; wenn ich nicht so ein Dummkopf gewesen wäre, hätte ich ihn erwischt, so aber dachte ich, er würde sich auf einen Köder setzen, der vor mir lag, und schoß gar nicht, und durch eine Bewegung oder ein Geräusch war er dann plötzlich verschwunden. Ich habe auch zwei Löwen im Mondschein aus fünf Metern Entfernung beobachtet und gehört, wie sie mit ohrenbetäubendem Lärm ein Zebra auffraßen.[113]

Reisen, Tanzen, Leben…?

Es war eine danse macabre gewesen. Denn indem Karen Blixen durch die Erhabenheit der Landschaft, ihre Weite, Farbigkeit und Vielfalt, und hingegeben obendrein dem versierten *Lehrmeister* Bror in einen Taumel geraten war, in eine Entrückung, in der die Schrecknisse des Alltags vage wurden, verschwammen und versanken, hatte sie die Diagnose ihres Arztes in Nairobi verdrängt, daß jene Fieberschübe im März und April keineswegs die Zeichen einer Malaria-Attacke waren, sondern die Folgen einer Syphilisinfektion. Sie hatte sich «unmittelbar nach der Eheschließung»[114] angesteckt.

Karen Blixen bezahlte das Entgelt für die trügerische Freiheit fernab von Rungstedlund und Folehave sofort bei ihrem Eintritt. Es bestand aus drei Beträgen. Und nachdem der eine eben eingefordert war, wurde schon der zweite fällig.

Die Blixens waren nach M'bagathi heimgekehrt, da brach der Erste Weltkrieg aus, und «Nairobi geriet in Panik»[115]. Als diese noch angeheizt

Anfangs war die Jagd auf wilde Tiere für Karen Blixen eine «Leidenschaft» gewesen. Ja, die Kugel auf einen Löwen konnte ihr sogar als «ein Liebesbote» erscheinen. Dennoch verzichtete sie am Ende ihrer Zeit in Afrika auf das Frönen solcher Lust. «Es wurde für mich ein Ding der Unvernunft, schien mir geradezu häßlich und vulgär, um einiger Stunden Aufregung willen ein Leben auszulöschen.»

wurde von Pressestimmen über Schwedens Sympathien für das Deutsche Reich, hielt die Protektoratsverwaltung die in Britisch-Ostafrika lebenden Skandinavier für potentielle Kollaborateure mit dem Feind – zumal sich die Baronin Blixen bemühte, im Auftrag ihres Freundes General von Lettow-Vorbeck zehn Zuchtstuten *für die Kaiserlichen Schutztruppen in Daressalam* [116] aufzutreiben.

Um das dadurch hervorgerufene Mißtrauen der Engländer geschwinde zu zerstreuen und seine Farm von Turbulenzen fernzuhalten, vornehmlich jedoch um des schieren Nervenkitzels willen verdingte sich Bror Blixen als Meldegänger zwischen den im Süden an der Grenze zu Deutsch-Ostafrika patrouillierenden Einheiten Lord Delameres und dem Abwehrstab in Nairobi. «Nach zwei Tagen marschierte ich los mit dem köstlichen Gefühl im Bauch, ein Wagestück vor mir zu haben [...].» [117]

Als Blixen im November 1914 nach M'bagathi zurückfand, stand die Farm – und dieses war die dritte Rate von Karen Blixens Tribut an das Glück – vor dem Zusammenbruch. Der Holzverkauf war zum Erliegen gekommen, weil die Armee viele Fuhrwerke der «Swedo» requiriert und eine Seuche den Bestand der Zugtiere dezimiert hatte; etliche der Eingeborenen waren entweder zum Carrier Corps dienstverpflichtet worden oder mieden einen Arbeitsplatz, über den eine M'sabu gebot. Die Kaffeesträucher, die sie im Frühling eingepflanzt hatten, würden ohnehin erst 1919 Früchte tragen…

Da Bror Blixens Brandbriefe an Aage Westenholz nicht den gewünschten Erfolg (sprich fünftausend englische Pfund) zeitigten und die Syphilis seiner Frau fortschritt – der eigene Infekt wurde durch eine «rasputinhafte Konstitution»[118] zum Stillstand gebracht und kam nie über die Anfänge des Sekundärstadiums hinaus –, vereinbarten die beiden, daß Karen Blixen 1915 nach Europa reisen sollte: einerseits, um sich bei renommierten Koryphäen in ärztliche Behandlung zu begeben, und andererseits, um die Gesellschafter der «Karen Coffee Co., Ltd.» persönlich um Hilfe zu bitten.

Im April machte sich die Baronin auf. Sie fuhr den Weg in die Freiheit retour und erreichte nach dem Besuch einer Klinik in Paris im Juni Dänemark, wo sie umgehend den Professor für Haut- und Geschlechtskrankheiten am Rigshospital in Kopenhagen, Dr. Carl Rasch, konsultierte. Ihre Mitwelt ließ sie in dem Glauben, sie laboriere an einem Tropenleiden.

Aus der stationären Therapie entlassen, betrat sie wieder die alten Gemächer auf Rungstedlund und war abermals eingehüllt in den Lavendelduft der frommen Denkart. Es hatte sich nichts geändert. Sie wurde umhegt und sehnte sich fort…

> Über schimmernden Laternen, die beständig schaukeln,
> zieht der Mond still durch die Nacht, in der ihn Schwaden umgaukeln.
> Lange schau ich zu Dir, Mond, auf, und es freuet sich mein Sinn,
> denn ich sah Dich schon vorzeiten, einst in Nächten, die dahin.
> Siehst Du, frag ich, von des Aethers Statt
> wohl den Zug der Wolken über Bardamat,
> wo Gebirge schroff das Land verriegeln?
> Kannst Du Dich im Guaso Nyeri spiegeln?
> Bei Kijabe und Kedong,
> über Suswa und N'gong,
> meinem freien Land, dem großen: meinem Herzensland.
> Über fahlem Steppenrund
> steht das Südkreuz Stund um Stund.
>   Auf den endlos weiten Fluren, im Massai-Gebiet.[119]

Länger als ein Jahr blieb Karen Blixen in ihrem Geburtshaus. Sie unterzog sich mehreren Salvarsaninjektionen, Blutanalysen und Rückenmarkpunktionen, beschwichtigte die Verwandten und erläuterte die alarmierenden Botschaften ihres Mannes so überzeugend, daß Aage Westenholz nicht von dem KCC-Vorhaben abließ. Das war wichtig, denn als Blixen im Herbst an den Öresund kam, präsentierte er ein neues Unternehmenskonzept.

Mit dem Hinweis, daß in einer krisengeschüttelten Welt immer höhere Erlöse für Kaffee herauszuholen sein müßten – «die Welt brauchte, was Ost-Afrika anbot»[120] –, also eine möglichst ausgedehnte Anbaufläche um so namhaftere Gewinne abwerfen würde, legte Bror Blixen einen Köder aus: er berichtete, daß die an M'bagathi angrenzende Farm M'bogani zur Veräußerung stand. Sie umfaßte viertausendachthundert Acres oder knapp zweitausend Hektar und sollte vierzigtausend englische Pfund kosten.

Wohl erweicht durch die Reden seiner Nichte, ferner geblendet durch die Aussicht auf riesenhafte Renditen und schließlich verführt durch den heruntergepokerten Preis von fünfunddreißigtausend Pfund sowie die Tatsache, daß ein ganzer Ring von Familienmitgliedern inzwischen der «Karen Coffee Co., Ltd.» als Anteilseigner beigetreten war, machte Aage Westenholz den Kauf perfekt. Er ließ die KCC ins Handelsregister eintragen und bestätigte den Baron von Blixen-Finecke in seiner Funktion als Direktor. «Über die Ertragsaussichten», hieß es im Geschäftsbericht von 1918, «läßt sich nicht leicht ein Urteil bilden. Die Büsche haben geringfügig teils unter der Dürre, teils unter der Kälte gelitten. Die Ausbeute kann ergo für 1918 nur mit 55 Tonnen veranschlagt werden, für 1919 mit 110 Tonnen und mit 150 bis 200 Tonnen jeweils für die Jahre 1920 und 1921.»[121]

Das war die erste Rechnungslegung in Utopia.

Pfeffersäcke hatten sich mit Eskapisten assoziiert, und jeder wollte auf seine Weise aus der Verschmelzung von Traum und Wirklichkeit Vorteile ziehen.

Die Planungen der KCC waren forsch, die Reporte Blixens aus dem «happy-hearted country»[122] überschäumend und die Briefe Tannes an ihre Lieben in Dänemark munter.

Sie bekundete ihr Vergnügen bei der Einrichtung von M'bogani House, lobte dessen topographische Lage, beschrieb die gärtnerische Umgestaltung, die sie angeordnet hatte, zählte jeden Hausdiener mit seinem Namen auf und war sprachlos, als sie entdeckte, daß der Verkäufer der Farm in geistverachtender Gleichgültigkeit ein verlagsfrisches Sortiment der Weltliteratur hinterlassen hatte. Sie lernte Auto fahren und war wieder zum Malen gekommen. *Ich meine, man muß etwas erleben, bevor man seine Persönlichkeit in einer Art von Kunst sammeln kann; danach aber, glaube ich, vermag man, das Erlebte im Gegenzug in Kunst umzusetzen [...].*[123] Doch das Protektorat war kein Ort für kontemplative Ästhetendiskurse, kein Platz für Biedermeier-Nostalgie und keine Stätte für die Glöckchenheiterkeit Mozartscher Opern. *Ich habe immer zwei Duette aus der «Zauberflöte» aufgelegt – besonders das eine «Das klinget so herr-*

«Die Eingeborenen waren keineswegs willige Modelle. Sie glaubten – sofern ich das richtig verstanden habe –, daß wenn ein Porträt wirklich ähnlich war, die Seele des jeweiligen Modells heimlich auf das Bildnis übergegangen sei. Es war daher nicht eben schmeichelhaft für mich als Malerin, daß sie nach und nach größeres Zutrauen zeigten [...]. Der alte Mann auf diesem Konterfei hieß Ereri.»

lich, das klinget so schön» ist zu manchen Zeiten ein wahres Verjüngungsbad für mich gewesen.[124] Britisch-Ostafrika war ein Tummelfeld der Pioniere, Buschklepper und schrägen Vögel – männlichen wie weiblichen Geschlechts. «Eine der schillerndsten Figuren, zum Beispiel, war eine Transportarbeiterin, die zwei Schwächen besaß: eine für den Alkohol und eine für den Gebrauch von Revolvern. Sie hatte die Angewohnheit, auf ihrem Pony bis an den Tresen des ‹Norfolk› vorzureiten und nach ein paar ordentlichen Drinks den Rückweg anzutreten, meistens in der falschen Richtung, und dabei mit ihrem Colt mehrfach in die Decke zu ballern.»[125]

Ich glaube, kolportierte Karen Blixen nach Rungstedlund, *die anstän-*

Spätestens, wenn die Blixen-Biographin Judith Thurman die Luft für jene «höchst erotische Atmosphäre» in Britisch-Ostafrika verantwortlich macht, ist zu bedenken, ob nicht eher die tägliche Gegenwart spärlich bekleideter Naturmenschen ihren Einfluß auf das Triebleben der Weißen ausgeübt hat. In London konnte eine Dame die Frage hören: «Sind Sie verheiratet oder leben Sie in Kenia?»

digen Frauen in diesem Land kann man an den Fingern einer Hand auf-zählen.[126] Und da sie dasselbe mutatis mutandis auch von den Männern hier draußen annahm, wurde sie einsam – zumal Bror Blixen oft nicht zu Hause war. *Bror ist eben in Mombasa*[127]... *ich bin heute abend allein*[128]... *Bror ist derzeit auf einem vieltägigen Trip nach Uasin-Gishu*[129]... immer häufiger tauchten Bemerkungen dieser Art in den Briefen an Ingeborg Dinesen auf, an die Mutter, die allmählich – neben dem Bruder Thomas

– über Tausende von Kilometern hinweg zum engen Gesprächspartner wurde.

Und je ausführlicher Karen Blixen sich mitteilte, desto deutlicher wurde erst zwischen, dann in den Zeilen, daß ihre Lebensumstände besorgniserregend geworden waren: sie kränkelte unentwegt und mußte manches Mal wochenlang das Bett hüten. Ihre Ehe war nicht mehr intakt. Und die Farm schlingerte in einem undurchschaubaren Wirrwarr dahin.

Eine Trockenheit sondergleichen ließ die Pflanzen verdorren und machte alle Blütenträume zunichte. Die Banken sperrten sämtliche Konten der Company, worauf Blixen begann, Teile des Unternehmens – wie das Tochtergut bei Gil-Gil – abzustoßen. «Dann kam eine Zeit», so der Vormann der KCC, Arthur Brøchner, in seinem Kündigungsschreiben an die Geschäftsleitung in Kopenhagen, «da ging alles drunter und drüber. Erträge, die beileibe nicht eingebracht waren, wurden gegen Vorschuß verscherbelt; Käufe wurden, solange nur möglich, auf Kredit getätigt; die Löhne der Weißen wie auch die der Schwarzen wurden mit beträchtlicher Willkür ausbezahlt; und so weiter. Schließlich […] schien alles verfahren. Da schlug der Baron als letzte Rettung alle Pferde und Maultiere los, dazu weit über die Hälfte von unseren Ochsen. Am Ende hatten wir nicht einmal mehr genügend Vieh für den Transport und für andere Arbeit überhaupt keins […].»[130]

Während Bror Blixen eher hektisch denn besonnen oder gar professionell versuchte, den Niedergang der «Karen Coffee Co., Ltd.» aufzuhalten – um an Geld zu kommen, fronte er für elf Monate auf einer Farm im Norden von Britisch-Ostafrika als Pflüger und verpachtete M'bogani, um den Betrieb in die Obhut eines gewiefteren Sachwalters zu geben –, und während Karen Blixen eine schwere Blutvergiftung auskurierte, die sie sich bei einem Reitunfall zugezogen hatte, reifte in ihr der Entschluß, im August 1919 nach Europa zu reisen, um Abstand zu dem zu gewinnen, was ihr über den Kopf zu wachsen drohte. Dabei wußte sie längst, daß es ein nicht wieder gutzumachender Fehler gewesen war, auf M'bogani Kaffee anzubauen: das Klima in dieser Höhe war zu rauh und die Krume zu sauer – *ich wollte, wir hätten eine Rinderfarm*[131].

So wurde der mehr als einjährige Aufenthalt in verschiedenen Krankenhäusern und Sanatorien und im Kreise der Verwandten und Freunde zu einem grausigen Fest der verbrämten Einbildung: die Hoffnung, die die Ärzte schürten, war ebenso unecht wie die Zuversicht, die Tanne gegenüber ihrer Familie – oder besser gesagt: ihrem Vorstand – ausstrahlte. An harten Fakten hatte sie diesem einzig zu unterbreiten, daß auf M'bogani statt der angesetzten hundertzehn Tonnen Kaffee 1919 nur sechzig gepflückt worden waren … immerhin.

Wie angespannt die Atmosphäre daheim gewesen sein muß, zeigen die Briefe, die Karen Blixen nach ihrer Rückkehr auf die Farm am

Sie nannten es «a first-class sport». Hier posierte Karen Blixens Bruder Thomas Dinesen am Kadaver eines Löwen. Und als sei er ohnmächtig seinem Handeln ausgeliefert, rang er um den Unschuldsbeweis: «Ist es böse, eine solche Kreatur zu erlegen, eine solche Offenbarung von Kraft und Mut und Schönheit zu vernichten? Warum können wir uns nicht damit begnügen, sie zu photographieren?»

Karen Blixen und ihr Onkel Aage Westenholz 1921 bei einer Rast. Der Gegensatz hätte kaum größer sein können: rechts der beinharte Bilanzprüfer und links die traumverlorene Utopistin. Und welch feine Ironie der Kulturgeschichte: ausgerechnet dieser Besucher bedachte nach der Ankunft auf M'bogani die Raumausstattung der Farm in seinem Tagebuch mit dem Reizwort der Nichte – «hyggelig».

31. Dezember 1920 Woche für Woche nach Hause schickte. Sie sind eine sich steigernde Abrechnung mit der Folehave-Orthodoxie. *Ich habe den Geist, von dem Du schreibst,* erwidert sie ihrer Mutter am 30. Oktober 1921, *nur von seiner Kehrseite gesehen und als erschütterndes Pharisäertum erkannt; nie werde ich ihn für mich akzeptieren.*[132]

Die «Lioness Blixen» war umzingelt: auf der einen Flanke von einer Allianz aus Frömmlerei und Geschäftssinn und auf der anderen Flanke von einer Entente aus dem Bankrott ihrer Farm und dem Fiasko ihrer Ehe – Bror hatte, um das Maß vollzumachen, in ihrer Abwesenheit alles Mobiliar verpfändet und gemeinsam mit Kumpanen aus der «Norfolk»-Bar und dem Muthaiga Club die geschliffenen Gläser ruiniert, *die sie angeblich als Ziel bei Schießübungen benutzt haben sollen*[133].

Und obwohl Tanne diesmal eskortiert von ihrem Bruder Thomas in die Tropen gekommen war – in die «Kronkolonie Kenia» nunmehr – und Bror Blixen M'bogani im Januar 1921 in der Absicht verlassen hatte, sich von seiner Frau zu trennen, war deren Bedrängnis nicht behoben. Die Mutter und die Tante Bess überschütteten sie mit traktätchenhafter Lebenshilfe und drängten persistent auf Scheidung. Eine Dürre, *schlimmer als 1918*[134], verdarb jedwede Ernte. Und die Preise fielen.

Karen Blixen erwog schon, ihre vier Wände komplett an Touristen zu vermieten und in eine Hütte zu ziehen, da ließ sich in Kilindini der zweiundsechzigjährige Aage Westenholz ausschiffen, um vor Ort zu sondieren, ob es – überhaupt und, wenn ja, welche – Mittel gab, M'bogani zu retten. Und er erlag auf der Stelle dem Charme des Ambientes: der Landschaft, ihren Menschen, ihrer Fauna und Flora, dem Licht, der Luft und dem Park und dem Haus. Deshalb bereinigte er als erstes «die Möbelgeschichte, die uns vorläufig 60 000 Kronen gekostet hat»[135], und beschloß dann, das Projekt fortzuführen.

Karen Blixen sollte als «Managing Director» bestellt werden und ein Revers unterzeichnen, in dem sie sich verbürgte, Bror Blixen von allen Geschäftsvorgängen sowie von Grund und Boden der KCC fernzuhalten, andernfalls sie selbst unverzüglich aus den Diensten der Gesellschaft auszuscheiden hätte.

Jetzt gab es für die «Lioness Blixen» kein Entrinnen mehr. Sie, die noch vor Jahresfrist *ein wahrhaft teuflischer Einfall*[136] ihres Mannes hellauf empört hatte, pries nun die *sehr herzliche Kameradschaft*[137] mit ihm; sie verdammte die Briefe ihrer Mutter und verfluchte den Tag, an dem sie jenen Mephistophelespakt geschlossen hatte, aber: *der einzige Mensch, dem man etwas vorwerfen kann, bin ich selbst, weil ich mich nicht schon früher losgerissen habe und weil ich, als ich mich dann endlich losriß oder jedenfalls von allen wegfuhr – von Euch auch noch Hilfe zu diesem Schritt angenommen habe. Das ist der große Fehler, den ich in meinem Leben gemacht habe.*[138] Sie fauchte und raste; und mehr denn je beweinte sie das Unheil, *daß Vater gestorben ist*[139].

So, gebrochen in völliger Ohnmacht, setzte sie am 2. Februar 1922 ihren Namen unter Aage Westenholz' Knebelungsvertrag. Am selben Tag reichte ihr Mann die Scheidungsklage ein. Er hatte sich vor Monaten mit der jungen und lässig-robusten Engländerin Jacqueline «Cockie» Birkbeck liiert.

Einstweilen lag Karen Blixen mit einer Blinddarmreizung auf M'bogani. Ihr Bruder pflegte sie. Und nach nächtelangen Aussprachen mit ihm zog sie Bilanz aus der Zeit am Fuße der N'gongberge – ein Resümee in schlaffen Worten, denn *ich kann ja nichts anderes sagen, als daß es sehr schwer ist, auf einen ganzen Abschnitt seines Lebens zurückblicken und feststellen zu müssen: Es ist nichts dabei herausgekommen.*[140]

Vom Nullpunkt ins Desaster

Karen und Bror Blixen trugen sich nichts nach. Sie hatten einen Bund zur Erlangung der Freiheit von ihren Familien geschlossen; und ihre Ehe war ein Notaufnahmelager gewesen, eine Durchgangsstation, die jeden zuletzt in seine Bestimmung entließ: Bror in die Vagabondage als big game hunter und Karen in die Regentschaft über das-Land-das-nicht-ist.

Sie wußten, was sie aneinander gehabt hatten, und sprachen mit Respekt – und manchmal auch mit Liebe – von ihrer Gemeinschaft. *Wenn ich mir*, sagte Karen Blixen in den fünfziger Jahren zu Steen Eiler Rasmussen, *etwas in meinem Leben zurückwünschte, dann wäre es das, noch einmal mit Bror auf Safari zu gehen.*[141] Der wiederum rekapitulierte in seinen Jagdbriefen über Afrika eine Szene aus derselben Begebenheit: wie er des Nachts neben einem Köder auf Löwen angesessen, im Halbdunkel zweimal geschossen und am nächsten Morgen seine Beute aufgestöbert hatte. «Vor mir lag mit der prachtvollsten schwarzen Mähne, die ich je gesehen hatte, ein Löwe bei dem Zebra, tot wie ein Stein. Meine Kugel hatte ihm die Schulter zerschmettert, und er war auf der Stelle verendet. Über ihm lag – die hinteren Läufe auf der einen Seite seines Körpers, die vorderen auf der andern, quasi mitten im Sprung – die Löwin, seine Gefährtin, starr und erkaltet. [...]

Sie hatte, ohne eine Sekunde zu zögern, Tod und Vernichtung mißachtet, obgleich sie akkurat wußte, daß ein paar geschmeidige Hakenschläge sie gerettet hätten.»[142]

Dieser Beweis von Beherztheit, «this wonderful feminine courage»[143], erinnerte Blixen immer mit Wärme an Tanne.

Die gegenseitige Sympathie der beiden nach ihrer Trennung entsprach der Toleranz, die sie einer für den anderen in der Ehe aufgebracht hatten. Karen Blixen hatte sich damit abgefunden, daß Bror kein Freund der Musen, indessen vierschrötiger Spießgesellen in Nairobi war; die Unkenntnis in Fragen des Kaffeeanbaus besaßen die Blixens in Eintracht; und Bror hatte es hingenommen, daß Karen Blixen sich von seiner grobschlächtigen Bruderschaft fernhielt, aber von Dandies, Parias und Nonkonformisten gerne den Hof machen ließ.

Sie war im Februar 1918 mit Erik Baron von Otter, einem Schweden, zwei Wochen lang in der Ebene von Tana auf Safari gewesen – *er ähnelt Vater charakterlich, ist so an der Natur, der Jagd, dem Krieg und besonders an den Natives und ihren Bräuchen und Ideen interessiert*[144] –, hatte sich am 5. April von Lieutenant Algernon Richard Cartwright in den Muthaiga Club *zu einem amüsanten Essen*[145] führen lassen – *wir waren nur zu viert, die Tochter des vorigen Gouverneurs und ein ungemein charmanter Mensch, Dennis Finch Hatton*[146] – und war im Dezember desselben Jahres von dem englischen Viehzüchter Francis Wigley Greswolde-Williams ins Kedong Valley zu einer Löwenhatz geladen worden.

Alles dieses war, auch wenn Baron von Otter sogar um sie gefreit hatte, Freundschaft gewesen, Flirt und Poussage. Aus der Begegnung jedoch mit Dennis Finch Hatton, *über den ich schon viel gehört, den ich aber bis dahin noch nicht kennengelernt hatte*[147], sollte sich alsbald eine starke Hingezogenheit entwickeln. Bereits sechs Wochen später hatte Tanne ihrer Mutter berichtet: *Bror lebt jetzt in dem Glauben, daß das einzige, was mich auf der Welt noch interessiere, sei, Finch Hatton wiederzusehen [...].*[148]

Der Klatsch-und-Tratsch-umwobene Ehrenwerte Denys (wie er seinen Vornamen richtig buchstabierte) George Finch Hatton war am 24. April 1887 geboren als das dritte Kind des Henry Stormont Finch Hatton, seines Zeichens dreizehnter Earl of Winchilsea und achter Earl of Nottingham. Er war in Eton zur Schule gegangen und hatte bei Butler in Oxford Neuere Geschichte studiert. Er spielte Geige und Klavier und war ein Connaisseur des Theaters, der Oper sowie des Balletts; Strawinsky bewunderte er. Er sprach Französisch und Italienisch, imponierte durch seine Bibelfestigkeit und liebte die Literatur, insonderheit Shakespeare. Nachdem er sich 1911 in Britisch-Ostafrika umgetan hatte – England war ihm zu eng geworden: «I need space»[149] –, hatte er auf dem Uasin-Gishu-Plateau eine Farm gekauft, im Massai-Reservat eine Kette von Handelsniederlassungen errichtet und vor aller Welt seiner Fama als everybody's darling und adventurer die Aura eines Snobs der unnachahmlichen englischen Art hinzugefügt.

Einem Läufer, der ihn nach wochenlanger Suche endlich im Busch ausfindig gemacht und mit der Depesche von Freunden in London überrascht hatte, ob er den Aufenthalt eines Soundso kenne, schärfte er postwendend die Antwort ein; dann schickte er ihn über ungezählte Tagesmärsche zur nächsten Telegraphenstation, von wo die Drahtung abging: «Ja.»[150] Und als er sich im August 1914 den «Scouts» von Berkeley Cole angeschlossen hatte, gab er zum Weihnachtsfest jenes Jahres auf Stellungen des Gegners Salven von ff Plumpuddings ab. Kriegführung, mäkelte er, öde ihn «bis zum Überdruß»[151] an.

Spleen und sensus communis, verwegenes Zupacken und rücksichtsvolles Zartgefühl, humanistische Bildung und affektierter Mumpitz,

War es nicht Selbsterkenntnis, daß «Titania» Denys Finch Hatton seinem Wesen nach in der Welt Shakespeares beheimatet fand, wo Theseus im «Sommernachtstraum» lehrte: «Verliebte und Verrückte / Sind beide von so brausendem Gehirn, / So bildungsreicher Phantasie, die wahrnimmt, / Was nie die kühlere Vernunft begreift. / Wahnwitzige, Poeten und Verliebte / Bestehn aus Einbildung»?

rigoroser Machismo und fragile Effeminiertheit, Vorwitz und Dünkel: dies insgesamt machte den Träger des Namens von Dionysos – als solcher war «Denys» mit «Dinus» und dessen Nachfahren urverwandt – zu einer irisierenden und irritierenden Erscheinung.

Die Frauen vergötterten ihn. So Monica Belfield, *die Tochter des vorigen Gouverneurs*; und so Karen Blixen, die sich wünschte, ihr Bruder könnte einmal mit Denys Finch Hatton zusammentreffen: *Ich habe nämlich auf meine alten Tage das Glück gehabt, in ihm meinem leibhaftigen Ideal zu begegnen [...].*[152]

Als Finch Hatton im Februar 1919 an einem Fieber erkrankte, umsorgte ihn Karen Blixen auf M'bogani, *und das ist für mich unbeschreiblich schön*[153]. Kaum daß er gesund war, zog sie mit ihm vom 5. bis 14. März auf Safari, solo, wie seinerzeit mit Bror und neulich mit Baron von Otter. Diese Exkursionen bedeuteten die Initiation einer Beziehung – nur war es dieses Mal eine grande passion. Sie wollten im Sommer *den Nil entlang reisen*[154], bekamen aber wegen des Tohuwabohus nach dem Ende des Krieges keine Passage und streiften statt dessen zu Beginn von Karen Blixens Heimkehr nach Europa im September durch London: «Titania» oder «Tania», wie Denys Finch Hatton sie nannte, hielt Einzug in ihr Herkunftsland.

> «Wie? Oberon ist hier
> Der eifersücht'ge? Elfen, schlüpft von hinnen,
> Denn ich verschwor sein Bett und sein Gespräch.»[155]

Alles stimmte, cum grano salis – inbegriffen Oberons alias Bror Blixens Anwesenheit, denn er hatte seine Frau auf ihrer Fahrt begleitet; lediglich das Motiv der Eifersucht war verschwunden, weil er in England seine eigenen Wege eingeschlagen hatte – und auf ihnen auch «Cockie» Birkbeck zum erstenmal begegnet war.

Nein, Karen und Bror Blixen trugen sich nichts nach, da sie einander nichts anlasten konnten. Offen stellte Bror seinen Freund Denys als «Liebhaber meiner Frau»[156] vor.

Wenn man am Ende von der Banalfrage absieht, wer ‹angefangen› hat (ein Rätsel, nach dessen Lösung einige Lebensberichte Karen Blixen zu einer duldenden Heroine, ihren Mann hingegen zu einem lüsternen Hundsfott erklärten), wenn man sich also der Anfechtung widersetzt, über den ersten Verrat der ehelichen Treue – George Bernard Shaw nannte sie den «Gewerkschaftsgeist der Verheirateten»[157] – zu spekulieren (und mutmaßen muß man, da Konkretes nicht bekannt ist), dann bleibt bei der moralischen Taxierung des Paares neben Bror Blixens Gebaren in der Meute des Muthaiga-Mobs seit 1919 zuvörderst eines zu fassen: Karen Blixens Doppelspiel als, wie Errol Trzebinski es formuliert hat, «mistress-woman»[158].

Während Karen Blixen jedoch ihre Affäre anfangs in Briefen und schließlich in Büchern auf erdferne Höhen enthob und wortreich mythifizierte, blieb Bror Blixen verschwiegen.

So schwand im Rechten und Richten der Biographen die Tatsache da-

The Danish Stamp on this...
...has been paid, according to...
...position of a transfer, and...
...Government Department of Taxes.

Filed with the Danish Companies Register
²/₁₀ 1918. The Co. may at its discretion
refuse to recognize a transfer.

No. 35   Ledger Folio *12*

SHARE CERTIFICATE.

KAREN COFFEE C⁰., L^TD. (^A/s)

Registered Office, Copenhagen.

This is to certify that *Mrs Ingeborg Dinesen*

thirty two of *Rungstedlund, Rungsted*

is registered as the proprietor of *eight (8)*

Shares of £ 10. — ten Pound Sterling — each numbered 2393 *955* to 2424 *962* incl.
~~Kr. 1000 — one thousand Kroner~~

in the Karen Coffee Co., Ltd. (^A/s), which are held subject to the statutes of the said Company.

COPENHAGEN. *20* day of *June* 19 *17*

It is necessary to produce this Certificate before any transfer of the Shares can be made.

Eine Aktie der «Karen Coffee Co., Ltd.» – 1917 ausgefertigt auf Karen Blixens Mutter Ingeborg Dinesen und unterschrieben von den Onkeln Aage Westenholz und Thorkil Knudtzon. Dem hoffnungsvollen Anfang stand das bedrückende Ende gegenüber: nach der Liquidation der KCC im November 1932 hatten ihre Anteilseigner – gemessen an heutiger Kaufkraft – fünfzehn Millionen D-Mark verloren.

hin, daß das Auseinandergehen der beiden nicht wegen hier oder dort vorhandener sittlicher Entrüstung erfolgte, sondern – weil ein Gremium in Kopenhagen Bror Blixen mit ökonomischer Argumentation aus der Ehe gegrault hatte.

Ich sehe überhaupt nicht, wie ich nach alledem je wieder nach Dänemark zurückkommen kann[159], schrieb Karen Blixen am 30. Oktober 1921 an ihre Mutter. Und am 23. Januar 1922 wiederholte sie: *[...] ich kann Euch nicht wiedersehen.*[160]

Deswegen wurde Denys Finch Hatton in gleicher Weise wie vormals Bror Blixen zum Fluchthelfer – nicht länger freilich in der materiellen Bedeutung des Quartiermachers, sondern in dem ideellen Sinne dessen, der dem Aufenthalt in der Fremde jene beschwingende und emportragende Qualität verlieh, die sich Karen Blixen vom Gelobten Land versprochen hatte – ein Beistand durch seinen Esprit und seine Belesenheit, kurz: durch seine – sit venia verbo – dionysische Nähe zu der Geliebten. *[...] was sind doch Begabung und Intelligenz für herrliche Dinge.*[161]

Bror hatte nicht sagen können, *ob die Renaissance vor oder nach den*

Kreuzzügen kam[162]. Denys Finch Hatton dagegen sprach aus dem Stegreif über griechische Philosophie und über Musik; redete con amore von Künstlern, die Karen Blixen ignoriert hatte, als sie 1910 in Paris gewesen war: Picasso, Matisse, Léger und Rouault; und äußerte sich sachkundig über Religion und über englische Literatur. Er inspirierte Karen Blixen und ermunterte sie, das Malen wieder aufzunehmen.

Zur selben Zeit entschwand die Gestalt Bror Blixens, dieses schnöde behandelten Geistes «andrer Region»[163], aus dem Gesichtskreis «Titanias». Er wurde – «Mein Stutzen war mir geblieben»[164] – white hunter und führte bedürfnislos und unverwurzelt, sich mehrfach bindend und neuerlich scheidend, das Leben, auf das er zugeschnitten war als einer, «der seine Mitmenschen liebt und es haßt, allein zu sein»[165]... So wanderte er mit wechselnden Teams von Nabobs und Exzentrikern über die Jagdgründe Afrikas, durchquerte mit Sir Charles Markham die Sahara im Auto und brachte Edward Prince of Wales zum Schuß auf einen Löwen, indes Karin Blixen sich mühte, aus M'bogani ihr kenianisches Arkadien zu machen.

Bror Blixen am Anfang seiner vita nuova. Es war ein wildes Leben, in dem er mit Denys Finch Hatton und dem künftigen englischen König Edward VIII. auf den Puffern der Ugandabahn reiste und mit Beryl Markham nach Paris flog, wo ihn im «Ritz» sein alter Jagdgefährte Ernest Hemingway mit den Worten begrüßte, er solle lieber in Spanien Faschisten als in Afrika Löwen erschießen.

Es ist stets die Idee des Paradieses, auf die es ankommt, und wenn eine hinreichend ansprechende Illusion erschaffen werden kann, folgt die Wirklichkeit von selbst.[166]

Dieses Axiom von der Effizienz der Wünsche, dessen Gültigkeit für Individuen des 20. Jahrhunderts beschränkt blieb, weil es aus der Kenntnis der Millennien alten Entwicklungsgeschichte zum Beispiel der Giraffe gewonnen war[167], stattete Karen Blixen mit einem dermaßen unerschütterlichen Optimismus aus, daß sie sich von ihren – wie die Eingeborenen jegliche Unbilden nannten – «shauries» nicht unterkriegen ließ.

Der Abgang des Kindes, das sie von Denys Finch Hatton erwartete, war im Oktober 1922 zwar ein Schock; doch wurde die Wehmut übertäubt von immer neuen Schwächeanfällen, Schmerzausbrüchen und Krankenhausaufenthalten – allesamt nicht mehr direkte Folgen der Syphilis, sondern ihrer Bekämpfung durch Überdosen von Arsen- und Quecksilberpräparaten[168]. Sie hatten bei der Patientin «bleibende Schäden verursacht»[169]: Störungen des Magen-Darm-Trakts und des Immunsystems.

Hinzu kam die unverbesserliche wirtschaftliche Situation der Farm. Ein Brand zerstörte in der Nacht vom 24. auf den 25. Januar 1923 die Trockenanlage von M'bogani. Und da die KCC bei der Aufbereitung des Rohkaffees technische Fehler begangen hatte, mußte Karen Blixen ein Bußgeld in Höhe von eintausendsechshundert Pfund entrichten. Diesen Verlusten stand 1923 ein Ertrag von sechsundsiebzig Tonnen gegenüber; das war ein Drittel des Plansolls.

Als Thomas Dinesen am 2. März 1923 die Ugandabahn in Richtung Mombasa bestieg und die Heimreise nach Europa antrat, hinterließ er seiner Schwester die Erinnerung an streitige Moraldebatten und baugleiche Luftschloßmodelle; zur Lösung auch nur eines ihrer Probleme hatte er nichts beigesteuert. Er hielt sich selbst für «ziemlich überflüssig»[170].

Tanne war nun so arm, daß sie sich *keine schönen Hüte*[171] mehr leisten konnte und sich, um das Geld für Arbeiter zu sparen, *selber das Pflügen*[172] beibrachte. Deshalb hielt sie es *für ein wahrhaft königliches Geschenk*[173], wenn ihr Thomas Dinesen gelegentlich einen Scheck – mal über neunzehn, mal über vierzig Pfund – schickte.

In diesem Zustand des Ausgeliefertseins gewann eine Szene Symbolkraft, die Karen Blixen in einem ihrer sonntäglichen Briefe an die Mutter beschrieb: *In diesem Jahr sind das Wild und die Löwen merkwürdig – sie sind bis nach Nairobi hereingekommen; ein junger Löwe hat Nacht für Nacht den ‹Zoologischen Garten› um das Gouvernment House herum besucht, schließlich hat ihn der Adjutant des Gouverneurs eines Morgens direkt vor dem Haus erschossen. Auch hier in unserer Umgebung haben wir Löwen gehört. Ich dachte mit einiger Besorgnis daran, als ich neulich viele Meilen im Wild-Reservat geritten bin; das Gras war so hoch, daß es bis über meine Stiefel ging beim Reiten, und plötzlich gingen Rouge*

«Reiten, Bogenschießen, die Wahrheit sagen.» Auch wenn Thomas Dinesen dieses Motto Karen Blixens mit dem Satz kommentierte, seine Schwester habe nichts von alldem praktiziert, läßt sich doch mit zahlreichen Fotos sowohl aus Kenia als auch aus Dänemark belegen, daß der Bruder – zumindest, was den ersten Punkt betrifft – seinerseits im Unrecht war.

und ich in einem großen Loch zu Boden, das ich nicht hatte sehen können. Ich hatte das Gefühl, tief in einem Graben zu liegen, und ich sah Rouges Rücken über mir balancieren, er kam hoch, und der Zügel riß, und ich krabbelte raus und sah ihn viele Yards weit weg mit höhnischer Miene stehen. Ich war so verzweifelt, daß ich weinte [...].[174]

Was Karen Blixen aufheiterte, war ihr Glaube, Berge versetzen, shauries bezwingen und das Dorado der Selbstverwirklichung erschließen zu können – als Vorfeld eines neuen Ehestands.

Die Quelle, die ihre Überzeugungen speiste, war die freiwillige Abhängigkeit von Denys Finch Hatton – dem Wanderer, der sie besuchte und der sie verließ, der unversehens ins Haus trat, um seine Sachen zu deponieren, für mehrere Wochen verweilte, dann abermals aufbrach und mit unberechenbarer Dauer fortblieb... bis sie ihm durch Zufall auf der Gouvernment Road in Nairobi in die Arme lief: dem innig ersehnten wissens- und geschichtenreichen geliebten Gefährten.

Daß ein solcher Mensch wie Denys existiert – was ich schon vorher geahnt, aber kaum zu glauben gewagt habe –, und daß ich ihm glücklicherweise in meinem Leben begegnet bin und so nah bei ihm gelebt habe –

wenn auch lange Zeiten der schmerzlichen Trennung dazwischen lagen, das wiegt alles andere in der Welt auf und die anderen Dinge bedeuten an sich nichts.[175]

Sie hätten wohl Gewicht erhalten, wenn Karen Blixen hinterbracht worden wäre, daß Denys Finch Hatton seit 1923 parallel zu der Liaison mit ihr eine mit Beryl Purves (später verheiratete Markham) hatte.

Die 1902 geborene Tochter des Farmers Charles Baldwin Clutterbuck, die in Afrika aufgewachsen war, auf diversen Rennplätzen als Jockey-Trainerin arbeitete und eine Fluglizenz besaß, war durch ihren Greta-Garbo-Appeal sowie durch ihre sexuelle Freizügigkeit zu einem umrannten Objekt der Begierde geworden, in dessen Bann auch Denys Finch Hatton geraten war. Das Kind, das sie im Januar 1924 nach eigener Angabe von ihm erwartete[176], konnte sie unter Vermittlung «Cockie» Birkbecks abtreiben lassen – ganz d'accord mit seinem Erzeuger, der sich nicht scheute, Beryl mit nach M'bogani zu bringen, wo sie bei Tische neben ihm saß und auf die ahnungslose Gastgeberin *einfach hinreißend*[177] wirkte.

Karen Blixen war außerstande zu sehen, was ringsum evident war; sie hatte nur Blicke für die fixe Idee ihrer Liebe. So begann sie, *eine kleine Abhandlung über Geschlechtsmoral zu schreiben*[178]: einen Nachtrag zu ihrer Kontroverse mit Thomas Dinesen, privat und nicht zur Publikation eingerichtet, ein Impromptu. In assoziativen Sätzen von englischen Redensarten über Aspekte islamischer Feinschmeckerei bis hin zur eigenen Familienchronik suchte sie, aus der Not (der Entzweiung mit Bror, der Fehlgeburt und der Bindungsängste von Denys) eine Tugend zu machen – die aufgezwungene Erfahrung umzumünzen in eine empfehlenswerte Doktrin.

Der zufolge ist es obsolet, in einer Ära, in der sich Mann und Frau vielerorts unvermählt zusammentun, solcherlei Verhältnis durch den Trauschein zu sanktionieren. In der modernen Gesellschaft hat Eros seine Souveränität errungen. Einer ist nicht länger Zweck des anderen. Monadenhaft und frei gehen sie und er – analog der von Aldous Huxley durch einen «Denis» lancierten Phrase «Wir sind alle Parallelen»[179] – nebeneinander her; und *während man man selbst ist und sein eigenes fernes Ziel anstrebt, findet man das Glück in dem Bewußtsein, doch in alle Ewigkeit parallel zu laufen*[180].

Für jenen Punkt im Unendlichen aber, in dem sich diese Geraden schneiden, postulierte Karen Blixen nach der Lehre des französischen Biologen Jean Baptiste Lamarck von der Vererbbarkeit erworbener Eigenschaften eine eugenische Ethik, welche Nachkommen ächtet, *die auf die eine oder andere Weise nicht ihren vollen Wert als menschliche Wesen haben und die zum vollen Wert anzunehmen der Rasse nicht dienlich sein kann*[181]. Die Ehe dort sollte restauriert sein zur *Veredlung des Geschlechts*[182], auf daß ihr Individuen entwachsen, denen alles Begehren ein

Im Schatten von Karen Blixens selbstinszeniertem Ruhm wurde nicht nur die Tatsache verdunkelt, daß Denys Finch Hatton zugleich der Geliebte Beryl Markhams war; kaum bekannt blieb zudem, daß Beryl Markham – nicht zuletzt 1936, nach ihrem Europaflug mit Bror Blixen – Anlaß hatte, auch diesem eines ihrer verbreiteten Fotos zu widmen: «For Blix with love from Beryl».

weihevolles Spiel ist, ein Kultus der «*gentilezza*»[183] – *das höchste «delight»*[184].

Wie jede Utopie verwies auch dieses Telos vom Erwünschten auf das Entbehrte... Das aber war in casu Karen Blixen die Ehe und die Fruchtbarkeit.

Es war ihr nicht beschieden, ein Kind von Denys auszutragen – auch ein Artefakt hervorzubringen war ihr nicht vergönnt. Bei jedem Anschlag auf der Schreibmaschine fühlte sie sich unsicherer, *denn ich habe ja nicht ein dänisches Wort gesprochen, seit Thomas abgereist ist*[185]; und vor ihrer Staffelei saß sie nur sporadisch, weil sie weder über geeignete Untergründe verfügte noch über benötigte Farbe: *Ich habe kein Rot mehr, und das ist ein scheußliches Handicap.*[186]

Alle diese shauries wurden überschattet und zu einem diffusen Unbehagen verzerrt von der mit jedem Frost, mit jeder Dürre anschwellenden Angst, die Farm nicht halten zu können.

Nachdem dann 1924 mit siebenundsiebzig Tonnen eine Tonne Kaffee mehr als in der vorigen Saison geerntet worden war und sich die Krisis des Unternehmens weiter und weiter zugespitzt hatte und Tanne begann, von ihrem Tod zu sprechen – *nächstes Jahr muß ich auf jeden Fall nach Hause; ich glaube in vollem Ernst, daß ich sonst sterben muß*[187] –, machte sich ihre Mutter zusammen mit Thomas Dinesen auf, Karen Blixen zu besuchen: vom 3. November 1924 bis zum 13. Januar 1925.

Auch wenn diese Tour von dem Willen angeregt war, Tanne in der *Eintönigkeit* ihres *Daseins*[188] beizustehen, geschah sie nicht uneigennützig – hatte Frau Dinesen doch einen so erheblichen Teil ihrer Barschaft in die «Karen Coffee Co., Ltd.» investiert, daß Aage Westenholz bereits am 8. März 1923 in einem Memorandum an Karen Blixen erklärte: «Deine bedauernswerte Mutter ist bald ausgesogen bis aufs Mark; sie und ich haben jetzt eine halbe Million Kronen nach Afrika geschickt, wo das Geld auf dieselbe Art und Weise zu versickern scheint wie das Wasser im Wüstensand – beidemal mit demselben Resultat.»[189] Ingeborg Dinesen wollte prüfen, wohin ihr Geld verronnen war. Und Thomas Dinesen hoffte wieder auf Safari gehen zu können: «[...] dergleichen ist es wert, bis an den Rand der Welt zu ziehen.»[190]

Die Fahrt der Mutter und des Bruders war eine übergroße Landpartie. Und als dann zuerst Ingeborg Dinesen und am 5. März 1925 auch die Geschwister M'bogani verließen – Tanne, um nach Europa heimzukehren; Thomas, um von Aden aus zu jagen –, hatte sich dort nichts zum Besseren gewendet.

Am Ende des Geschäftsjahres 1925 lagen sieben Tonnen Kaffee in den Magazinen... sieben Tonnen Kaffee, die bei einer Vorgabe von zwei- bis dreihundert Tonnen jedes Ringen um Freiheit und Schönheit zu einem Don-Quixote-Kampf pervertierten: senza gentilezza gegen den Wind und das Wetter.

Und gegen das Unvermögen! Denn Karen Blixen war keine Managerin: «Als Chefin einer Farm besaß sie nicht die leiseste Spur von Kompetenz.»[191] Und so konnte sie 1926, nachdem sie auf die Farm zurückgekehrt war und im Herbst die Kaffeesäcke hatte wiegen lassen, bloß vierzehn Tonnen auflisten.

Was die Financiers der KCC in Kopenhagen nach wie vor dazu bewegte, Gelder auf M'bogani zu setzen, war die sich steigernde Hoffnung aller Hasardeure, daß ihre Pechsträhne irgendwann durch einen Straight flush gekappt werden müsse.

Die Sponsoren des Stücks um die afrikanische Farm waren Spieler, Spinner, Spekulanten – Förderer einer Phantasmagorie, die sich immer dann, wenn Wirklichkeit an das Regiepult trat – etwa im Mai 1926, als sich Karen Blixen abermals von Finch Hatton schwanger fand – und die Fassade vom Wolkenkuckucksheim abgebaut wurde, zurückzogen und ihre Aktrice im grellen Licht der Tatsachen allein auf der Bühne ließen.

Kaltschnäuzig telegraphierte der Vater aus London an die werdende Mutter, die ihren «Daniel» so inständig erwartete: «Kabel erhalten – meine Antwort – tu mit Daniel, was du willst – würde ihn willkommen heißen, falls ich Partnerschaft bieten könnte – ist aber unmöglich – Stop.»[192]

Ob es sich um eine eingebildete Gravidität handelte oder ob es zu einem zweiten Abortus kam, ist einerlei. Es wurde kein Kind geboren. Und Karen Blixen blieb für sich.

Das Malen hatte sie aufgesteckt. Ablenkung fand sie daher in ihrer einundzwanzig Jahre alten Hexen-Burleske *Sandhedens Hævn* (*Die Rache der Wahrheit*)[193] und deren Leitsatz für Sinnsuchende: *Die Wahrheit ist, daß ein jeder von uns in einer Marionettenkomödie spielt.*[194] «Boganis'» Tochter hatte das Stück bei ihrem letzten Aufenthalt in Dänemark durch Protektion des greisen Georg Brandes zum Druck geben können, und so verlegte sie sich – ermutigt – wieder aufs Schreiben.

Und sie schrieb ... schrieb Briefe über Briefe ... Gedichte, Essays und Erzählungen ... sie schrieb an gegen *die Einsamkeit von Tag zu Tag*[195] ... und gegen die sieben Tonnen Kaffee und gegen die vierzehn Tonnen Kaffee und gegen die knapp dreißig Tonnen Kaffee von 1927 ... sie schrieb an gegen den Unterschuß von zweihundert, dreihundert Tonnen ... und gegen die Schulden und Entbehrungen und shauries; die Krankheit; gegen den Tod ihrer Freundin «Daisy» und ihrer Schwester Inger und ihres Freundes Berkeley Cole ... sie schrieb an gegen die zweite Baronin Blixen, die seit Brors Vermählung mit «Cockie» Birkbeck im August 1928 in Nairobi verkehrte ... und schließlich auch gegen Denys Finch Hatton, der sich selbst genug war und «Titania» nie heiraten würde ... so schrieb sie ... und schrieb sich hinüber ins Wähnen – ins Vorgestellte, in die Verwandlung.

Wie hatte die Fee in *Sandhedens Hævn* gesagt, jene Alte, für die sich Karen Blixen noch 1960 ausbedang, sie solle ihrer Urheberin *in Kostüm und Maske*[196] ähneln? *Alle modernen Menschen sehnen sich nach Verzauberung und brauchen Verzauberung, damit sie glücklich sein können.*[197]

In der Tat war Karen Blixen nur dann sorgenfrei, wenn sie «an air of unreality»[198] um sich inszenieren konnte. So bei den seltenen nächtlichen candlelight dinners mit Denys Finch Hatton, zu denen er im samtenen Smoking erschien und «Titania» in Abendgarderobe mit Stola: ein feudales tête-à-tête, in welchem das Paar zu den Klängen von Beethovens Klavierkonzert Nr. 4 über Walt Whitman konversierte und der Kikuyu Kamante – als stünde er bei Prousts Herzog von Guermantes in Dienst[199] – mit weißen Handschuhen Denys Finch Hattons Leib-und-Magen-Wein kredenzte, einen bronzenen «Château d'Yquem».

Bei Tageslicht war Karen Blixen wieder die Gehaltsempfängerin der KCC, die monatlich vierzig englische Pfund bezog, den Abmarsch von Denys Finch Hatton beklagte und himmelhoch jauchzend den Regen begrüßte, Mord und Totschlag unter ihren squatters erlebte und dies in ihren Wochenendbriefen an die Mutter und den Bruder und die Schwester Ellen wie in einem Protokoll der laufenden Ereignisse festhielt.

Dann, irgendwann und als sie es am mindesten erwartete, landete Denys mit seinem Doppeldecker «Gipsy Moth» auf der Farm und lud die Geliebte zu einem Flug über die N'gong Hills und das Kedong Valley ein, und aufs neue war sie den Bedrängnissen von Kostenumfang und Produktmenge enthoben. *Man muß Afrika aus der Luft sehen, das ist sicher; dort erst sieht man wirklich die ungeheuren Weiten und das Spiel von Licht und Schatten auf ihnen. [...] Und ich kann mir jetzt endlich vorstellen, wie lustig es sein muß, ein Engel zu sein. Auf jeden Fall hat es etwas vollkommen Natürliches und Sinnvolles, es ist die Erfüllung eines Traumes.*[200]

Der Rhythmus von Freude und Kummer und Jubel und Fehlschlag war gleichförmig geworden; Ingeborg Dinesen hatte M'bogani ein zweites Mal besucht, und Karen Blixen war nochmals in Dänemark gewesen, war zurückgekehrt und führte nun wieder auf den Tasten ihrer «Corona» zankverliebte Diskussionen mit Tante Bess über Ehe und ethische Normen.

Dieses Andante con moto zersprengte Aage Westenholz' Bescheid vom 4. März 1931: «Ja, für die KCC ist jetzt wohl unabwendbar das Aus

Die N'gongberge südwestlich von M'bogani – sie waren das erste gewesen, was Karen Blixen 1914 bei ihrer Anreise zur Farm erblickt hatte ... nun waren sie auch das letzte, was sie 1931 bei ihrer Abfahrt von dort sah: «In edlem Schwung erhob sich das Gebirge luftig-blau über das umliegende Flachland, doch war es so fern, daß die vier Gipfel ganz klein erschienen, kaum unterscheidbar.»

gekommen.»[201] Die Aktionäre hatten sich zerstritten und waren keinen Tag länger bereit, ihr Defizit von einhundertfünfzigtausend Pfund um einen einzigen Penny aufzustocken. Sie drängten aus diesem Grund auf den Verkauf der Farm und die Auflösung der «Karen Coffee Co., Ltd.».

Somit stand Karen Blixen vor dem Nichts.

Für mich selbst, schrieb sie an Thomas Dinesen, *wäre es das Vernünftigste und Einfachste zu sterben.*[202]

Dieser Ausspruch verhüllt, was er im Kern enthält: daß sie auch in Denys Finch Hatton keine Stütze mehr besaß.

Sei es, daß sie hinter seine Romanze mit der flotten Fliegerin gekommen war, sei es, daß ihm ihr insistentes Verlangen zu heiraten lästig geworden war: er hatte von Karen Blixen den Feingoldring zurückgefordert, den er aus Abessinien mitgebracht hatte, und war mit Sack und Pack zu Hugh Martin nach Nairobi gezogen – wo Beryl ein Cottage bewohnte.

Nun gab sich Karen Blixen geschlagen.

Sie willigte ein, M'bogani zu räumen, überließ die Farm einem Auktionator und sorgte bei der Kolonialverwaltung in Nairobi für die Umsiedlung jener einhundertdreiundfünfzig Familien, die auf dem Gelände der Plantage heimisch waren.

Bei einer dieser Fahrten in die Stadt frühstückte sie am 14. Mai 1931 in der Villa Chiromo mit Lady McMillan; bis die sie beiseite nahm und ihr die Nachricht überbrachte, die am Morgen eingetroffen war: daß Denys Finch Hatton beim Absturz seiner Maschine nahe dem Flugplatz von Voi umgekommen war.

Verlassen und schwerkrank löste Karen Blixen ihren Haushalt in Kenia auf und schickte, was sie behalten wollte, in Holzkisten nach Dänemark. Und all die Zeit über träumte sie davon, noch einmal auf Safari zu gehen. *Das hätte ich gerne gemacht, um ein Abschiedslächeln von Afrika zu bekommen.*[203]

Schließlich fuhr sie ohne Gruß, ohne das Kwaheri des Schwarzen Kontinents, dorthin zurück, woher sie am 2. Dezember 1913 geflohen war: nach Rungstedlund, das sie haßte und das sie am 31. August 1931 entkräftet und völlig mittellos erreichte.

Sie hatte alles verloren, was ihr lieb gewesen war; doch sie sollte immer lieben, was ihr als Erinnerung gehörte.

In einem somalischen Lied heißt es:

> «Wenn ich mich hinsetzte, um von
> Der Liebe zu schreiben, die mein
> Herz umfangen hält, so wäre es so viel,
> Daß es ein herrliches großes Buch
> Nicht fassen könnte.»[204]

Flüchten in eine Welt
der Phantasie

Mit Denkmalspflege hatte es Weile.

Denn Karen Blixen, die zeitlebens versicherte, daß eine der Ursachen ihrer Emigration das Trachten war, sich *der Tyrannei*[205] ihrer Tante Bess zu entziehen, und die jüngst, im April 1931, daran erinnert hatte, *daß ich die Atmosphäre zu Hause nie ertragen habe und ich geheiratet und alle Kräfte daran gesetzt habe, um auswandern und von dort wegkommen zu können*[206], sah sich in den alten zugigen Boudoirs am Öresund vorderhand der Häme und – was schlimmer war – dem Vergebung anbiedernden Mitleid ebenderselben Blaustrümpfe ausgesetzt, die sie nie verstanden hatten und heute, da sie sechsundvierzig Jahre alt war, in ihrem Krähwinkel kaum anders begriffen denn vordem: als störrisches Kind.

‹‹Du rauchst zuviel› war der stereotype Kommentar ihrer Mutter, wenn Tanne sie um ein paar Kronen zum Kauf von Zigaretten bat. Und eines Tages murrte sie, wie sehr ihre Tochter in Afrika verlottert sei. – ‹Kannst Du nicht wenigstens die Türen hinter dir schließen?› nörgelte sie in einem Ton, als brächte sie damit das Ausmaß aller Übelstände auf den Punkt. – ‹Natürlich nicht!› brauste Tanne jähzornig auf. ‹In Kenia haben das meine boys für mich getan.›»[207]

Befehlen, sich fügen … was war geschehen … was war greifbar … wo lag Folehave, und wo lag der Muthaiga Club … was war Gewißheit … und was war Trug … dort die Safari, das Teekränzchen hier? *Während der ersten Monate nach meiner Rückkehr aus Afrika nach Dänemark hatte ich die größte Mühe, überhaupt noch irgend etwas als Wirklichkeit anzusehen.*[208] Wie in einem Alptraum war Karen Blixen aus Unbegrenztheit wieder in kleinliche Verhältnisse geraten, aus der klaren Luft bei den N'gong Hills wieder in den Muff von Rungstedlund, aus verdeckter Bevormundung wieder in offene Alimentierung. Die Familie – namentlich der Bruder Thomas Dinesen – wollte bis auf weiteres ihren Unterhalt gewährleisten.

Doch derweilen sich die Angehörigen insbesondere im Hinblick auf Tannes Gesundheit fragten, worin denn dieses ‹Weitere› bestehen mochte, nahm das Kommende für Karen Blixen Kontur an: die Umrisse wurden scharf und ergaben ein Ziel.

Die Westseite des Wohnzimmers auf Rungstedlund, ein Foto von 1994. An der Wand hängt unter anderem ein Porträt von Karen Blixens Urgroßvater Johan Wolfgang Reinhold von Haffner, und darunter steht auf der messingbeschlagenen Truhe – dem Geschenk Farah Adens für seine «M'sabu» – eines jener Blumenge- stecke, die nach wie vor regelmäßig in den Räumen des Hauses von einer Floristin angefertigt werden.

Sie hatte es schon einmal auf M'bogani ins Auge gefaßt, als sie nicht wußte, was sie *sonst machen*[209] sollte: *Ich habe angefangen, ein Buch zu schreiben.*[210]

Plots für Geschichten hatte sie gesammelt, deren Aufeinanderfolge gegliedert und zwei der Beiträge ausformuliert. *Ich [...] mußte aus Selbsterhaltungstrieb meine Kräfte auf etwas konzentrieren,* sagte sie nachher unter dem Einsatz von Symbolen, *wenn ich von dem Staub auf den Wegen der Farm und dem Rauch in den Steppen nicht fortgeweht werden wollte.*[211] Und: *Man wird in einen Mahlstrom der Angst und der Verzweiflung gesogen; und um mir einen Weg heraus zu bahnen, meinen Gedanken für ein paar Atemzüge Frieden zu gönnen, gab ich mich der Phantasie anheim.*[212] Thomas Dinesen war der erste, der die Texte ken- nenlernte: «Ich saß regungslos da, als sie las, und war zutiefst ergriffen. Langsam fiel es mir wie Schuppen von den Augen – jetzt also ist Tanne auf der richtigen Fährte – jetzt hat sie ihre Zukunft gefunden.»[213]

War der Exodus Karen Blixens 1913 noch dermaßen dringend gewesen und am Ende beliebig, daß sie den rettenden Durchlaß verpaßte, so traf sie ihn, als sie auf ihre Ausgangsposition zurückgeworfen war und 1931 in ungeschwächtem Freiheitsdrang neue, aber nun bedächtige Anstalten machte zur Flucht.

Dieser geordnete «Rückzug in eine Welt der Phantasie, in welcher Trübsal umgestaltet oder weggeblasen war»[214], wurde gleichfalls von Thomas Dinesen gedeckt.

Tanne hatte ihre Geschichten in Anlehnung an eine Gestalt aus Nikolai Gogols Roman «Tote Seelen» (1842/1855) unter dem Pseudonym «Nozdref's Cook» auf englisch geschrieben, weil sie kalkulierte, *das mache sich besser bezahlt*[215] als ein Band im spärlich verbreiteten Dänisch. Daher wandte sich Thomas an die mit Tante Bess befreundete amerikanische Schriftstellerin Dorothy Canfield Fisher, die er vor Jahren vom Aerodrom in Kopenhagen nach Folehave chauffiert hatte. In dem nicht uneitlen Vertrauen auf jene alte Bekanntschaft schickte er ihr ein paar Arbeitsproben seiner Schwester: zum einen, um das Urteil einer Kapazität einzuholen, und zum anderen, um tunlichst in Kontakt mit einem Verleger zu treten.

Das war ein glückliches Manöver! Denn Mrs Canfield Fisher wurde von dem, was sie las, so enthusiasmiert, daß es dank ihrer Fürsprache nach einigen Retardationen – dem einen schienen «collections of short stories»[216], dem anderen Prosa von einem «unknown writer»[217] nicht verkäuflich – gelang, das New Yorker Verlagshaus Harrison Smith & Robert Haas zur Annahme von Karen Blixens Manuskript zu bereden.

Daß die frischgebackene Autorin auf die Geheimhaltung ihrer Identität pochte, war ihr nicht auszureden, zumal sie «Nozdref's Cook» – nach den Vorstufen *Christen Denisen, Frans Denisen, Isaac Denisen* und *Isaac Dinesen*[218] – durch «Isak Dinesen» ersetzt hatte, durch ein Aperçu im Moment des Erfolges: der Name war ein Epitaph auf Adolph Wilhelm Dinesen und ein Vivat auf die späte Fertilität – erinnert «Isak» doch an Abrahams Hauptfrau Sara, die bei der Verheißung, daß sie ein Kind – nämlich Isaak – gebären soll, *lacht und entgegnet, das könne nicht sein, dazu sei sie zu betagt*[219].

Acht-, bald neunundvierzig Jahre alt war die Baronin Blixen, als am 9. April 1934 in einer Auflage von sechzigtausend Exemplaren ihr erstes Buch erschien: *Seven Gothic Tales (Sieben phantastische Geschichten)*. Eine englische Ausgabe folgte im September und eine schwedische Nachbildung kurz darauf. Eine deutsche Auswahl von fünf der Novelletten, *Die Sintflut von Norderney und andere seltsame Geschichten*[220], kam 1937 unter dem Verfassernamen «Tania Blixen» heraus.

Da waren sämtliche Pseudonyme längst gelüftet. Da war vergessen, daß die «New York Herald Tribune» Karen Blixen in Erinnerung an die vorgebliche Nutzungstradition von Rungstedlund als Schankstubenpoe-

Karen Blixen, 1934

tin annonciert hatte: «Wrote Her […] Book in Johannes Ewald's Inn»[221].
Da war «Isak Dinesen», war «Tania Blixen» bereits eine literarische Zelebrität, und zwar weltweit.

Ihre Erzählweise wurde verglichen mit der von Boccaccio und Chaucer und Rabelais, mit der von Cervantes und Horace Walpole sowie der von E. T. A. Hoffmann und Andersen, mit der von Barbey d'Aurevilly und Edgar Allan Poe, mit der von Turgenjew und Anatole France sowie der von Robert Louis Stevenson und Maupassant, mit der von Proust und Rilke und London.

Von jedem dieser Textoren hatte sie einen Faden aufgenommen, dann eigenes Garn hinzugesponnen und mit dem vorhandenen Gewirk aus den Notizheften und frühen Publikationen einen Gobelin geknüpft, in englischer Sprache apart patiniert: ein monströses Patchwork aus Erlebtem und Erdachtem... dort, unter einem Doppelregenbogen, alla maniera ein Schäferidyll... und hier – ein Tableau mit Orpheus und Eurydike... jählings gar ein Selbstbildnis: *Eifersucht, Falschheit, Verführung, Beraubung, Kindesmord und Grausamkeit samt allen Perversitäten aus der Welt der Leidenschaften, selbst die ‹maladies galantes›, über die sie sich erstaunlich kenntnisreich äußerte, waren für sie kleine Leckerbissen, die sie Stück für Stück aus der Bonbonniere ihres inneren Menschen herausnahm und genießerisch auf der Zunge zergehen ließ* [222]... drumherum in Arabesken: Nymphen und Nachtigallen... en passant *Rungsted* [223], im Hintergrund, zimmetbraun unterlegt, die Silhouette von *Santa Maria della Spina* [224] zu Pisa... dann unvermittelt ein sarkastischer Aphorismus: *beim Kopfabschlagen hört der Spaß entschieden auf* [225]... und in reizendem Déjà-vu: *ein Hütchen von einer bestimmten Putzmacherin* [226], *Nozdrefs Koch* [227] sowie *ein trockener Château d'Yquem* [228]... ab und an Bacchanten, Kuppler und Kardinäle... *Saphir, Chrysopras und Amethyst* [229]... fernerhin, versteckt, aber leicht zu erkennen, eine Karikatur: *Hohenems stellte seinen Freund als einen schwedischen Baron [...] vor. Ich hatte noch keine zehn Minuten das Vergnügen gehabt, da versicherten mir schon beide um die Wette, daß der Baron in seiner Heimat als großer Frauenverführer verrufen sei* [230] – ein Panoptikum des

Karen Blixen liebte es, ihre Texte durch das Zitat erlesener Getränkemarken zu verfeinern. Dabei buchstabierte sie freilich in «Die Träumer» den Namen des Champagners «Veuve Clicquot» ebenso falsch wie in «Babettes Gastmahl» den Namen des Bordeaux «Château d'Yquem» – wobei sie dort obendrein diesen größten aller süßen Weine Frankreichs als «trocken» charakterisierte.

Morgen- und des Abendlandes mit dem *Gott Dionysos selber*[231], mit *Ludwig van Beethoven*[232], *Barabbas*[233] und der apokryphen *Hebamme von Andermatt*[234], ein Universum voll versteckter Allusionen und Zitate: *von dem Stamme jener Asra, welche sterben, wenn sie lieben*[235], kapriziös, verschmockt, kitschig, immer outré und durchweg hochwohlgeboren, unterschwellig erotisch und mit geziertem «Pater, peccavi» schon einmal un peu vulgär – ein vierhundert Seiten langes Abrakadabra. *Nimm hin, was du davon verstehst, und laß das übrige gut sein.*[236]

Zwischen zwei technisierten Weltkriegen, als sich in den U.S.A. die Wortführer der lost generation – entweder wie der eine, John Dos Passos, durch internationalistischen Realismus oder wie der andere, Thomas Wolfe, durch emphatischen Provinzialismus – im «begrabnen Leben»[237] zurechtzufinden suchten, durchmaß hier ein newcomer aus Dänemark, Isak Dinesen, bar jeder Orientierungsnot Stile, Genres und Epochen.

Er fabelte von einer Verwechslungstragödie bei Pisa, von einer Defloration in Paris und einer verwunschenen Priorin, von unverzagten Flutopfern auf Norderney, von einem Untoten in Helsingør und einer stummen Sängerin, von einem blutrünstigen Frevel unweit Hørsholm und ließ bei alledem in neuschwansteinigem Surrealismus mal aus einem Exemplum, mal aus einer Spökenkiekerei das Europa des Barock, der Klassik und Romantik wiederauferstehen, wo noch der Ausblick auf das Boshafte und Gräßliche zur Schönbildschau geriet: zum Kaleidoskop eines alternativen Kosmos, dessen Bewegung der Autor mit selbst entwickelter Mechanik lenkte – an dessen Drähten er wie der Maschinist eines Puppentheaters zupfte.

Es war die unsterbliche «Rache der Wahrheit», was gespielt wurde, die reizendste Marionettenkomödie, die es gibt. Jedermann wird sich erinnern, wie eine Zauberin den Plan ausheckt, das Haus samt allen Geschöpfen darin zu verwünschen, dergestalt, daß jede Lüge hier zur Wahrheit wird. Das berechnende Weibchen, das nach einem reichen Mann trachtet, dem sie erzählt, daß sie ihn liebt, verliebt sich in ihn; aus dem Aufschneider wird ein Held; der Scheinheilige wird richtig fromm; der alte Geizhals, der den Leuten erzählt, daß er arm sei, verliert sein ganzes Geld. [...]

Am Schluß erscheint die Hexe wieder, und auf die Frage, was nun eigentlich die Wahrheit sei, gibt sie die Antwort: «Die Wahrheit ist, daß ein jeder von uns in einer Marionettenkomödie spielt. Wichtiger, meine Kinder, als alles andere in einer Marionettenkomödie ist, die Idee des Autors gut herauszubringen.»[238]

Mit dem Faible der Manieristen für Spiegelungen reflektierte Karen Blixen bei der Einlage von *Sandhedens Hævn* in *Die Straßen um Pisa* die Heuristik ihrer Poesie in der eigenen Dichtung, wo sie sich mannigfach brach, da die Autorin nach der Machart der russischen Matrjoschkas ihre Geschichte als Geschichte in einer Geschichte verschachtelte.

Dadurch erreichte sie – so wie sich auf Magrittes Gemälde «La Reproduction Interdite» («Reproduktion verboten», 1937–1939) die Perspektive des Bildes aus diesem heraus zum Betrachter verlängert und der Zuschauer als Zuschauer eines Zuschauers in das beim Sehen Imaginierte mit einbezogen wird –, daß die Zuhörer als Zuhörer von Zuhörern in das beim Lesen Evozierte verwickelt werden und als *geheiligte Marionetten*[239] die Maxime ihrer Prinzipalin absorbieren, wonach die Welt ein Podium ist, auf dem wir gemäß einer Großen Regie in willfähriger Hörigkeit unsern Part zu geben haben: als Hiob, der in *Die Sintflut von Norderney* explizit berufen wird.

Freilich, war es das Patronat des gesegneten Dulders, das das Publikum Karen Blixens jenseits des Atlantiks betörte? Oder war es nicht viel mehr das mahrtraumhafte clair-obscur ihres Werkes – seine Edelfäule, seine «Medieval Beauty»[240]? «Es ist», skandierte Peter Monro Jack in der «New York Times Book Review», «der letzte Seufzer der beau monde, der Schwanengesang der Eleganz und des Egotismus, eine Ausdrucksform der Liebe und der Literatur, deren Tage gezählt sind.»[241]

Solch morbide Anmut nahm sich fern der immerfort klaffenden Granattrichter Europas anders aus als in Dänemark, das seinerseits gebeutelt war von zwanzig Prozent Arbeitslosigkeit. Zahlreiche Nachwuchsautoren hatten hier gegen die von den «Gulaschbaronen», den Kriegsgewinnlern, begünstigten affirmativen belles-lettres protestiert, denn: «Einzuräumen, daß alles schön sei, glich dem Geständnis von Wehrlosigkeit.»[242] Mit der Wut der Verzweiflung und entschlossen zum Sich-Widersetzen sah der scharfsichtigste der Jungen Wilden, Tom Kristensen, 1930 in seinem «Roman einer Verwüstung»[243] hinter dem Fanal der Selbstzerstörung des Ole Jastrau die Apokalypse der Menschheit voraus. Im Sfumato, in der Dekadenz der *Seven Gothic Tales* jedoch entdeckte er summa summarum «eine erzreaktionäre Gesinnung»[244]. Und das, wie Hans Brix angeekelt hinzurief, «in den Tagen des Hitlerkreuzes»[245]!

Als nach dieser Einstimmung am 25. September 1935 Karen Blixens Übertragung von Isak Dinesens unzeitgemäßen Erzählungen – *Syv fantastiske Fortællinger* – in Kopenhagen herausgekommen war, blieb die Resonanz darauf lau. Niemand indes versagte der Hohen Frau von Rungstedlund ein Kompliment für ihre Plazierung auf den bestsellercharts in den Staaten. Und wer immer sie interviewte, der tat es fürderhin zum Ruhme einer Primadonna.

«‹Werden Sie denn jetzt ein neues Buch schreiben?› fragen wir beim Weggang die Baronin.

‹O ja, gewiß, und dieses Mal womöglich über Afrika.›»[246]

«an escapist's Utopia» – revisited

Die Idee dazu kam mir [...] durch puren Zufall. Eine kleine schwedische Zeitung hatte sich an mich gewendet und um einen Beitrag für ihre Weihnachtsnummer gebeten. Ich nahm mir vor, das abzulehnen, weil ich fand, daß mir so etwas nicht liegt, aber eine Freundin wies mich darauf hin, daß die Ausgabe zugunsten blinder Kinder verkauft würde. Also schrieb ich den Leuten, daß ich es gern versuchen wollte – nicht zuletzt deswegen, weil ich in Afrika viel mit blinden Kindern zu tun gehabt habe. Das Geschichtchen geht darauf zurück. Und als bei seiner Abfassung immer mehr Erinnerungen an Afrika vor mir aufstiegen, dachte ich: es könnte interessant sein, über mein Leben dort unten zu plaudern.[247]

So griff Karen Blixen wieder ihre Vorarbeiten auf – das Gedicht *Ex Africa* von 1915 und die *Massai-Hefte* mit Rohentwürfen aus den Jahren 1925 und 1926 – und arrangierte sie neu und schwellte sie auf zu einem dick und dicker werdenden Typoskript, prallvoll mit Figuren, Veduten und Szenen rund um ihre Farm unterm Kreuz des Südens. Der Abdruck von *Kamanthe och Lulu (Kamanthe und Lulu)*, der im Dezember 1935 in jener Benefiz-Broschüre erschien[248], lieferte das Grundmuster des entstehenden Werkes und wurde als Leseprobe an in- und ausländische Verlage geschickt. Einzig Gyldendal in Oslo, wo man mit dem norwegischen Pendant der *Syv fantastiske Fortællinger* einen Reinfall erlitten hatte, schlug die Offerte aus. Gyldendal hingegen in Kopenhagen, Putnam & Company in London und Random House in New York erkannten die Intensität dieses Textes. «Alles», schwärmte Constant Huntington von Putnam & Company, «was Sie [...] über Ihr Leben in Kenia berichten, ist Manna für unsere Seele und überzeugt uns vom Gutsein des Universums.»[249] Und er fuhr fort: «Die Erklärung liegt meiner Auffassung nach darin, daß Ihr Buch, wie Sie sagen, wahr ist; Wahrheit nämlich bewirkt jedesmal eine Erweckung, wenn sie – wie in Ihrem Fall – die reine Wahrheit darstellt und nichts als die Wahrheit.»[250]

Aber erfüllte, was zwischen Oktober 1937 und Februar 1938 immer gleich, doch unter dreierlei Titel herauskam – Karen Blixens *Den afrikanske Farm (Die afrikanische Farm)*[251], Karen Blixens *Out of Africa*

«Ich selbst, die ich die große Ehre habe, in jener Stube zu sitzen und zu arbeiten, die nach der Überlieferung die Kammer Ewalds im ‹Rungsteder Krug› war […].» Karen Blixen kultivierte die phantasiegeborene Legende, der dänische Dichter Johannes Ewald habe ehedem wie sie jetzt im selben Raum gelebt und geschrieben. Damit unterstrich sie einmal mehr, welchen Platz sie sich als Autorin zumaß.

(Afrika, dunkel lockende Welt)[252] und Isak Dinesens *Out of Africa (Jenseits von Afrika)*[253] – die Prämisse der Autorin: *Wenn ich so genau, wie ich vermag, niederschreibe, was ich mit der Farm, mit dem Lande und mit den Bewohnern der Steppen und Wälder erlebt habe, so mag das in mancher Hinsicht ein historisches Interesse haben*[254]?

Die Antwort scheint wohlfeil.

Denn wer mitten in der angeblich authentischen Retrospektive im schwarzgalligen Grafen Schimmelmann einem der fiktiven Charaktere aus den *Sieben phantastischen Geschichten* begegnet[255], wer beim Vergleich derselben mal in einem Brief, mal in dem Bericht geschilderten Episode entdeckt, daß eine ordinäre *Flasche Bier*[256] zum großen *1906er Chambertin*[257] mutierte, und wer bemerkte, daß eine blutrünstige Löwenabknallerei[258] als hochartifizielle Liebesallegorie[259] verklärt wurde, der ist geneigt, die Skepsis Thomas Dinesens zu teilen, der das Epigraph des Buches: «*Reiten, Bogenschießen, die Wahrheit sagen*»[260] süffisant glossierte: «In Wirklichkeit konnte meine Schwester weder reiten noch Bogenschießen, und sie hat nie die Wahrheit gesagt.»[261]

Doch so simpel ist das nicht.

Die Elevin Søren Kierkegaards wußte, daß eine derart von Mensch zu Mensch transferierbare Wahrheit – d i e Wahrheit – ein Trug ist. Jedes Ich hat seine Wahrheit. Und wenn es diese äußert, legt, was Lesern oder Hörern zur Mythenbildung werden kann, Zeugnis ab vom «Zustand des konkreten Selbst»[262]. Die Larve ist wahres Gesicht, jedes Wort auch eine Maske.

Mochte Karen Blixen daher Hunderte von Seiten füllen mit Informationen über die Eingeborenen und die Topographie, die Geräusche und Farben und die Gerüche, die Vegetation und die Tiere – am Schluß ist die Rede doch immer vom «Zustand des konkreten Selbst».

Der Himmel ist selten mehr als blaßblau oder violett, und mächtige, aller Schwere bare, immerfort sich wandelnde Wolken türmen sich allenthalben und segeln an ihm dahin; aber die Bläue hat etwas Leuchtendes und färbt die Umrisse der Berge und nahen Wälder mit frischem tiefem Blau. Um die Tagesmitte beginnt die Luft über dem Lande sich zu regen wie eine aufsteigende Flamme, sie flimmert, wogt und schimmert wie rieselndes Wasser, spiegelt und verdoppelt alle Gegenstände und schafft große Fata Morganen. Es atmet sich leicht in der hohen Luft, man saugt Lebensgewißheit und Unbeschwertheit der Seele in sich. Im Hochland erwacht man in der Frühe und weiß: hier bin ich, wo ich sein sollte.[263]

Diese aus der Naturanschauung gewonnene Selbst-Gewißheit sofort nach dem Anfang von *Afrika, dunkel lockende Welt* (der Titel der deutschen Übersetzung sucht bis heute an Schwulst und Schwindel seinesgleichen) und ihre Bekräftigung kurz vor dem Ende bilden die beiden Fixpunkte, zwischen denen Karen Blixen den Nachweis ihrer Wahrheit erbringt.

Dabei zeigt sie den eigenwilligen und ergebenen Kikuyuboy Kamante

Der Paravent mit seinen sechs Fächern voller Palmen, Morgenländer und Pfühle hatte auf M'bogani am Kamin gestanden, dort, wo Denys Finch Hatton Karen Blixen immer fragte: «Weißt du eine Geschichte?» – Wenn sie nun, in Rungstedlund, den Blick auf diesen Wandschirm konzentrierte, war es dann nicht wie auf ihrer Farm in Afrika, «indes ich wie Scheherezâde kreuzbeinig am Boden saß»?

und Lulu, die grazile und bambigleiche Gazelle; sie zeigt das gräßliche Blutbad, als der Knabe Kabero beim Spielen eine Schrotladung auf seine Kameraden abfeuerte; sie zeigt die Gäste auf M'bogani: den Ziehsohn der Amme Gewohnheit, Berkeley Cole, der sich *jeden Morgen um elf Uhr eine Flasche Champagner in den Wald hinausbringen*[264] ließ, ferner den alten Dänen Knudsen, der – obwohl krank und blind – voller Pläne steckte und eines Tages als Leiche in der Auffahrt nach M'bogani lag, sowie den geschwätzigen Emmanuelson alias Otto Casparsson aus Stockholm, den Globetrotter, der zu Fuß mit achtzig Cents und Gottvertrauen nach Tanganjika wanderte, einen Menschen, *der niemandes Freund war*[265]; sie zeigt das erbärmliche Kismet Esas, der eine Kuh geerbt hatte und sich von deren Erlös eine Zweitfrau leistete, ein durchtriebenes Weib, das ihn betrog, bis er umnachtet starb; und sie zeigt völkerkundliche Beobachtungen und philosophische Marginalien – alles das vor dem andächtig machenden Panorama Kenias, in dem Brände, Erdstöße, Kadaver nichts anderes sind als Irritationen, durch die die Sinneswahrnehmung einer aus Vorzeiten bewahrten Harmonie wie durch einen gewollten Regelverstoß intensiviert wird.

Die Tiere sind eins mit der Landschaft … und diese verkörpert sich in den Menschen … und diese sind mit den Tieren verschmolzen, so daß Karen Blixen – was ihr nachmals den Vorwurf rassistischer Diffamierung bescherte – die Eingeborenen stets auch als *Teile ein und desselben Ganzen*[266], als Emanationen der Urwildheit Afrikas ansah: die Mutter des Bediensteten Farah *war eine eindrucksvolle Gestalt, sehr stattlich, mit der mächtigen, wohlwollenden Geruhsamkeit eines Elefantenweibchens*[267]; Massaimädchen bestaunten sich kichernd in einem Spiegel *und fletschten ihre zwei Reihen leuchtender Zähne wie zornige junge Raubtiere*[268], und eine vorüberziehende Kikuyufrau starrte Karen Blixen an *wie eine Giraffe, die man bei ihrer Herde auf offener Steppe trifft, deren Leben, Fühlen und Denken man nicht ergründen kann*[269].

Letztlich war es Karen Blixen nie gelungen, an den Seinsprinzipien des fremdartigen Eden teilzuhaben. Und sosehr sie sich freute, wenn ihr für eine Lichtsekunde zumute war, als verwachse ihr Daheim in der Zutraulichkeit der Gazelle Lulu mit dem Umland – *niemand hätte sagen können, wo das eine zu Ende ging und das andere begann*[270] –, so gramerfüllt war sie, als sie erkannte: hier war sie nur ein Kostgänger auf Abruf. Einst hatte sie geglaubt, es sei *stets die Idee des Paradieses, auf die es ankommt, und wenn eine hinreichend ansprechende Illusion erschaffen werden kann, folgt die Wirklichkeit von selbst*[271]; jetzt mußte sie bekennen, daß sich ihr – umgekehrt – Afrika entzog, denn es *wich ernst und langsam von mir zurück wie das Meer bei der Ebbe*[272].

Als es dann ganz entglitten war, mit der Farm und mit dem Freund, blieb Karen Blixen um so fester bei der Kierkegaardschen Wahrheit, der entsprechend sie alle shauries mit dem Glanz der Herrlichkeiten Afrikas überblendet und alle Ichsucht Denys Finch Hattons mit dem Schmelz des Hohenlieds auf einen Lancelot übertönt hatte. Was sie indessen noch suchte, war die Bewandtnis ihrer Trauer und ihres Trennungsschmerzes – die Lehre des Verlassenseins: *All das, sagte ich mir, kann nicht ein zufälliges Zusammentreffen von Umständen sein, was die Leute eine Pech-*

Denys Finch-Hatton havde ikke noget andet Hjem i Afrika end

Farmen. Han boede i mit Hus ind imellem sine Safarier og havde sine

Bøger og sine Grammofon der. Naar han kom tilbage til Farmen, lukkede

den sig op, den talte, som Kaffeplantagen taler, naar den blomstrer

i de første Regnbyrer, drivvaad *DUFTENDE* som en Sky af Kridt. Naar jeg ventede

Denys tilbage og hørte hans Automobil komme op ad Vejen, hørte jeg

SNAKKE, OG SIGE HVAD DE VIRKELIG VAR

paa samme Tid alle Ting paa Farmen ~~aabenbare deres sande Indhold~~. Han

NAAR HAN VAR   *TIL AT VÆRE DER*

var lykkelig paa Farmen, han kom der kun, naar han havde Lyst Og Far-

HOS HAM NOGLE EGENSKABER AT KENDE, SOM VERDEN IKKE ELLES SAA:

men lærte ~~stukende en særegen Egenskab hos ham en Ydmyghed som den~~

YDMYGHED, TAKNEMLIGHED, EN VENLIG BLIDHED

~~øvrige Verden aldrig saa~~. Han gjorde aldrig andet, end hvad han havde

Lyst til, og der blev ikke fundet Svig i hans Mund.

Denys havde en Egenskab, der for mig var af stor Værdi. Han

HØRE

kunde godt lide at ~~faa~~ en Historie fortalt. For jeg har altid tænkt,

HAVE

at jeg kunde ~~kunne kommet til at~~ spille en Rolle (paa Bøtens Tid i Floren[E])

Men Moden har skiftet, og den Kunst at høre efter en Historie er gaaet

tabt i Europa. De Indfødte i Afrika, som ikke kan læse, har den endnu

DEM

og hvis man ~~tilføde~~ begynder at fortælle: "Der var en Gang en Mand, som

gik ud paa Sletten, og der mødte han en anden Mand", har man straks

RASK MÆNDENE

deres fulde Opmærksomhed, og deres Tanker løber efter ~~den ukendte Mand~~

JA MSABU, JA "SIGER DE "OG HVAD SAA?, HVAD SAGDE DE? HVAD GJORDE DE?"

paa Sletten, men hvide Folk kan ikke, selv om de ~~føler~~ aldrig saa meget

HISTORIE SOM MAN FORTÆLLER DEM

føler, at de burde, høre efter en ~~Beretning~~. Hvis de ikke bliver ~~rast~~

UROLIGE   *GØRES STRAKS*

~~lure~~ og kommer i Tanker om noget, som straks maa ~~nettes~~ med det samme

Ein Blatt aus Karen Blixens Übersetzung von «Out of Africa» – und zwar der Beginn des Abschnitts «Schwingen» im Kapitel «Gäste auf der Farm». Deutlich ist in den unteren Zeilen zu erkennen, wie die Autorin ihren Text im Dänischen erweitert hat. Die Neugier der Schwarzen wird nicht mehr bloß beschrieben; jetzt heißt es: «Ja, Msabu, ja», sagen sie, «und was dann? Was haben sie gesagt?»

strähne nennen, im innersten Kern muß ein Sinn sein. Wenn ich ihn fände,
wäre ich gerettet.[273]

Am nächsten Morgen wurde sie beim Gang zu den Gesindehütten vom Zweikampf eines Hahns und eines Chamäleons aus ihren Gedanken gerissen. Und mitleidsvoll, nachdem der Gockel mit seinem Schnabel der Echse die Zunge herausgezwickt hatte, die als Schleuder zum Insektenfang diente, tötete Karen Blixen das Reptil, um ihm weiteres Leid zu ersparen.

Erst später dämmerte ihr, daß dieser Vorfall die erflehte Einweihung gewesen war: *Ich war sogar in einer seltenen Weise geehrt und ausgezeichnet worden. Die Mächte, die ich angerufen hatte, schlugen meine Würde höher an als ich selbst; und welche Antwort hätten sie mir geben können? Weichlichkeit war gewiß nicht das Gebot der Stunde, und sie hatten großmütig übersehen, daß mich nach ihr verlangt hatte.*[274]

Gleich wie sich Jahve dem frommen, doch geschundenen Hiob endlich offenbart hatte, um dem Mann seinen Rang zuzuweisen, so teilten sich *die großen Mächte*[275] der schuldlosen, aber gepeinigten Karen Blixen zu guter Letzt mit, um der Frau ihr Wo-du-sein-sollst anzuzeigen – etwa zum Wohle eines Getiers.

Stolz hielt sich die *Atheistin*[276] fortan für berufen von der metaphysischen Entität namens Gott. *Stolz ist der Glaube an die Idee, die Gott vorschwebte, als er den Menschen schuf. Ein stolzer Mensch ist sich dieser Idee bewußt und willens, sie zu verwirklichen. Er strebt nicht nach einem Glück oder Behagen, das der Idee Gottes ungemäß sein könnte. Erfolg ist für ihn das Gelingen, durch das die Absicht Gottes verwirklicht wird; der Stolze liebt sein Schicksal.*[277]

Aufrecht und getrost verließ Karen Blixen die Farm in Afrika – war sie doch überzeugt, daß das, was auf sie zukam, ihr ebenso bestimmt war wie das, was hinter ihr zurückwich.

Da vermißte sie das eine, wie sie das andere begrüßte.

Standhalten in einer Welt der Phantasie

Karen Blixens Ansicht: nachzuspielen, was ihr vom Skript zum Großen Welttheater vorgeschrieben war – Hexe zu sein und Hiob in einem, männlich und weiblich, untrennbar Schöpfung und Schöpfer (Thomas Mann nannte dergleichen «eine mythische Kunstoptik auf das Leben»[278]) –, das war die Essenz von *Out of Africa* und den *Seven Gothic Tales*. So verschieden beide Bücher sind: sie halfen ihr, sich zu finden und ihr Ich zu bejahen und eigenwertig das letzte Lebensdrittel anzugehen.

Sie zählte nun zweiundfünfzig Jahre und war als Autorin in den U.S.A., in England, Finnland, Schweden, Deutschland, Holland so erfolgreich, daß ihr die Mißbilligung durch die inländische Presse wenig anhaben konnte. Selbst der heftigste – wenn auch mit einem stilistischen Florett vorgetragene – Ausfall, sie habe «einen ganzen Erdteil als Handspiegel»[279] benutzt, verlor sich in ihrem Nimbus als Stichelei.

Karen Blixen genoß die Pose der von Radio- und Zeitungsreportern umlagerten Diva und beschwor die Fragesteller nach Art der Medizinweiber: *Alle alten Frauen hatten die Tröstung der Zauberkraft und Hexerei; ihr Verhältnis zur Hexerei war vergleichbar mit ihrem Verhältnis zur Verführungskunst. Es ist unbegreiflich, wie wir, die wir nichts mit Hexerei zu tun haben wollen, es ertragen können, alt zu werden.*[280]

Diese Scheu besaß sie nicht mehr. Sie raunte mit baßtiefem Timbre – bald Drude und bald Pythia – dämonisch Formeln und delphisch Änigmen und fand durch derlei Gaukelei Beachtung, Zulauf, sprich: ein Publikum, an dem sie Geld verdiente. Erstmals überwog das Credit auf ihrem Konto das Debet.

Nachdem dann am 27. Januar 1939 ihre Mutter gestorben war und Karen Blixen mit ihren Brüdern Thomas und Anders Dinesen Rungstedlund geerbt hatte – ihre Schwester Ellen lebte als Frau des Anwalts Knud Dahl derart gut situiert, daß sie nicht bedacht worden war –, und als sie außerdem über ein Stipendium des Magnaten Morton Vilhelm Brandt verfügen durfte, war sie auf einmal begütert. Und weil sie momentan auch körperlich auf dem Damm war, wollte sie sich *einen alten Traum*[281] erfüllen: eine Fahrt mit den Pilgern nach Mekka. *Wenn mir nicht erlaubt*

Je länger die beiden Frauen auf Rungstedlund, Karen Blixen und ihre Mutter, nach 1931 zusammenlebten, desto mehr Verständnis entwickelten sie füreinander. Zum achtzigsten Geburtstag von Ingeborg Dinesen hatte «Tanne» von den Einkünften aus ihren Büchern einen – gebrauchten – Ford gekauft und versprach nun, wie das Schild besagt: «Chauffeur Isak – stets zu Diensten eine Stunde täglich.»

wird, Mekka zu betreten, was sehr wahrscheinlich ist – vermutlich sind dort keine Ausländerinnen zugelassen –, werde ich so nahe herangehen, wie man mich läßt, und dort kampieren und meine Diener hineinschicken.[282]

Unternehmungslustig fuhr sie nach London, um bei der Vertretung Saudi-Arabiens ein Visum zu erwirken und mit der «Saturday Evening Post» eine Reportageserie auszuhandeln. Da durchkreuzte der Beginn des Zweiten Weltkriegs alle Pläne. Nicht faul, sondern wendig wie ein journalistischer Profi tauschte sie daraufhin die Aussicht auf ein Wüstenzelt gegen die auf das Brandenburger Tor, die Lektüre des «Koran» gegen die von «Mein Kampf» – kurz: Mekka gegen Berlin.

Doch zuweilen schien es später, als habe ihr Verstand den fliegenden Wechsel nicht zur Gänze mitvollzogen.

Denn als sie am 7. März 1940 als Sonderkorrespondentin der dänischen Zeitung «Politiken» nach Berlin startete, um zunächst von dort und später aus Paris und London eine Momentaufnahme aus den kriegführenden Staaten zu liefern, hatte sie bereits vor, sich mit wohlwollender Neutralität über das Dritte Reich auszulassen: *man kann ja schließlich nicht über Leute herziehen, in deren Haus man zu Gast ist*[283].

Straff an der Leine geführt von Lakaien des Joseph Goebbels, erkundete Karen Blixen das Deutsche und den Nationalsozialismus. Dann schrieb sie ihre Einsichten in vier Feuilletons auf und nannte die *Breve fra et land i krig (Briefe aus einem Land im Krieg)* ein ‹document humain›[284].

Wer es gut mit der Absenderin meint, wird dieses Attribut nicht vertiefen, sondern bemerken, daß sie selbst sich *politisches Gespür*[285] abgesprochen hatte; um die Überlegung, wie groß ihr Common sense war, wird er nicht herumkommen...

Welche Blocksbergstollheit riß sie hin, die Hörigkeit von Braunhemden mit der Frömmigkeit von Muslims gleichzusetzen? Welches Hexengebräu berauschte sie während eines Völkergemetzels, im Foyer des «Adlon» am Pariser Platz das Flair von Distinguiertheit und Glamour zu vermissen? Und welche schwarze Magie inspirierte sie (sie, zu deren Wortschatz der Begriff *Judenlümmel*[286] gehörte), in einem Filmstudio zu notieren: *Zu meiner Überraschung sollte «Jud Süß» aufgenommen werden. Graf Schönfeld vom Propagandaministerium, der mein Begleiter war, erklärte mir, daß es sich jedoch nicht um den Helden Feuchtwangers handelte – Feuchtwanger war ja des Landes verwiesen –, sondern um den historischen Süß, und ich begriff, daß es eine Art Propagandafilm werden sollte*[287]?

Kein Buchstabe der Kritik an solch einem Film überhaupt. Keine Silbe der Kritik an der Verjagung Lion Feuchtwangers. Kein Wort der Kritik an den Judenpogromen.

1940 ließ sich Karen Blixen (zweite von links) in Berlin auf ein Gespräch mit dem «Völkischen Beobachter» ein. Dabei erklärte sie zur Genugtuung der Nazis: «Ich bin in einer anderen Welt aufgewachsen, die Kriege und die Friedensverträge haben diese andere Welt zerstört, und sie ist eine alte Welt geworden. Sie in Deutschland machen das Experiment, eine neue Welt aufzubauen.»

Statt dessen gab Karen Blixen dem «Völkischen Beobachter» ein Interview, das am 5. April 1940 erschien und in dem sie erklärte: *Ich sehe mit Bewunderung Ihrem Experiment zu*[288].

Vier Tage später, in der Frühe des 9. April 1940, fiel die Wehrmacht des bewunderten Landes über Dänemark her.

Da war der Bedarf an Spitzfindigkeiten der Sorte: *Das ist immerhin eine Art Beziehung zu anderen Menschen: mit ihnen zu kämpfen*[289] dort geradeso gedeckt wie an Kundschaften vom Morgen-die-ganze-Welt-Konzept aus Deutschland. Die ließen sich jetzt hautnah in Køge und Svendborg und Århus einholen.

Jeden Mittag um zwölf Uhr heulten die Luftschutzsirenen. Für die Nächte war Verdunkelung angeordnet. Es kam zu Festnahmen und Verschleppungen. «Wenn man von Sympathisanten und Opportunisten absieht, war, was die Dänen am 9. April und in den ersten Monaten danach beherrschte, Verzweiflung und Unsicherheit.»[290] Es fröstelte die Leute in diesem Frühling, als wäre der Winter eingebrochen.

Und Karen Blixen auf Rungstedlund? Sie streifte durch ihren in Blüte stehenden Park, erinnerte sich an die Empfehlungen aus *Der Dichter*, daß *an Winterabenden von nun an Gespenstergeschichten*[291] zu erzählen sind, und gedachte der Verse des Mamillius aus Shakespeares «Wintermärchen»:

> «Ein traurig Märchen
> Paßt für den Winter, und ich weiß von Geistern
> Und Hexen eins.»[292]

Zwei Jahre danach hatte sie selbst elf «sad tales» beisammen. Und da es ihr gelang, bei einer Überfahrt nach Schweden die englische Fassung des Manuskripts in Helsingør durch die Grenzkontrollen zu schmuggeln und dann von Stockholm aus mit Hilfe von Diplomaten Ihrer Majestät nach London zu schicken, konnte ihr Buch 1942, fast zeitgleich in Großbritannien und den U.S.A. *(Winter's Tales*[293] *[Wintergeschichten*[294]*])* sowie in Dänemark *(Vinter-Eventyr*[295]*)*, ausgedruckt werden.

Mit hermetischem Raffinement hatte sie es zur Fortsetzung des vorigen gemacht. Denn wer bemerkte je, daß der Schlußakkord von *Out of Africa*: die Sinnkrise des Individuums, sein Dialog mit numinosen Mächten und der Anbruch einer Zukunft, in der Ich und Berufung ineinander verschmelzen – daß alles dies zum Auftakt der *Wintergeschichten* moduliert ist?

In der ersten Novelle, *Der junge Mann mit der Nelke*, provozierte der schreibmüde Verfasser Charlie Despard, der Initialen besaß wie (Karen) Ch(ristentze) D(inesen) und auch wie diese bangte, *daß Gott sich von ihm abgewandt hatte*[296], einen Meinungsaustausch mit dem Herrn, ohne zu entscheiden, ob er nach dessen Auftrag *sein neues Buch*[297] fertigdichten werde oder nicht.

Als es jedoch in der letzten Erzählung, *Eine tröstliche Geschichte*, so beiläufig, daß es mit Leichtigkeit überlesen werden kann, heißt: *Charlie hatte jüngst mit einem neuen Buch einen großen Erfolg gehabt und verdiente viel Geld*[298], tritt zutage, daß er der Vorsehung gehorcht hat – Autor zu sein wie seine einkommensstarke und hochgerühmte Urheberin.

Leise und verspielt hatte Karen Blixen mit dem Fingerzeig auf Charlie Despards Selbstbejahung nicht allein die Literatur zur Wirklichkeit aufrücken lassen, sondern auch dem Ensemble ihrer Novellen einen Rahmen gegeben, der aus dem A und O ihrer Ideologie besteht: sich das Unabänderliche willig zu eigen zu machen im «amor fati».

Daß Karen Blixen, die sonst kaum von Nietzsche beeinflußt war[299], diesen Terminus aus dem dionysischen Vokabular des Deutschen rezipiert hat, ist wahrscheinlich. Steht doch jene These von *Out of Africa*, der Stolze liebe seine Bestimmung, im Einvernehmen mit dem Geheiß aus «Ecce homo» (1888): «Das Nothwendige nicht bloss ertragen, noch weniger verhehlen [...], sondern es l i e b e n ...»[300]

Das, was einem auferlegt ist, achten – *es lieben wie sich selbst*[301] –, so lautet auch der Leitsatz in den *Wintergeschichten*.

Dabei ist die Würde, in der man ihn befolgt, ein Indiz für die Feudalität ihres Trägers (und das Alibi dafür, daß sich Karen Blixen ganz und gar nicht comme il faut nach der Scheidung von ihrem Mann und nach dessen neuerlichen Ehen fortgesetzt «Baronin» nannte). Mit Wörtern, als sei er ein Vorbote des Menschen der Zukunft aus Karen Blixens Extempore über Sexualmoral von 1923, beschließt in *Leidacker* der alte Patriarch auf Rosenholm, Hverringe und Gammel-Estrup seine Rede auf das Geschick: *An der Grazie und an dem Esprit, mit dem wir es annehmen, erweist sich unser Adel.*[302]

Dementsprechend nobilitierte in *Peter und Rosa* die Lust an der Schicksalerfüllung zwei Menschen in ihrem Tod. Erst in ihrem Untergang, als Peter seinem Fernweh nachgegeben hatte und Rosa seine Absicht nicht mehr hintertrieb, erst als sie auf einer Flake wie auf einem Segler durch den Sund aufs Meer hinausgeschwemmt wurden, empfanden sie Freiheit und Glück: *In diesem Augenblick, plötzlich und ohne Warnung, barst das Eis unter ihren Füßen, als wären sie auf einen unsichtbaren Riß getreten und als habe es unter ihrem gemeinsamen Gewicht nachgegeben. Das Bersten warf sie auf die Knie und gegeneinander. Einen Moment noch trug das Eis sie, einen Fuß unter dem Wasserspiegel. Sie hätten sich vielleicht noch retten können, wenn sie sich getrennt und wenn sie versucht hätten, auf eine der beiden Hälften der Scholle zu kommen, aber keinem von beiden kam das in den Sinn.*[303]

Die freudige Ergebenheit lehrte aufs neue die Philosophie des erhobenen Hauptes: nicht aufzubegehren, sondern sich als Funktion der Seinsgesamtheit zu sehen und ichbewußt und fessellos darin zu leben. Oder zu sterben...

«*Frei lebt, wer sterben kann.*»[304] Auch diese Sentenz aus *Out of Africa* war in den Wintermärchen präsent! Nicht zur Mobilisierung von Himmelfahrtsschwadronen, aber zur Wappnung gegen das nunmehr am eigenen Leib erfahrene Nazi-*Experiment*.

Bisweilen, sagte Karen Blixen 1942 in einem Gespräch mit Annamarie Cleemann, *packt einen Mißmut und das Verlangen, alles stehen und liegen zu lassen, weil man das Gefühl hat, es sei sinnlos weiterzumachen. Aber dann wieder scheint es, als sei es derzeit unsere Pflicht, uns jeder für sich einen Platz einzurichten und zu uns selbst zu finden – nicht um zu verharren, sondern um Reserven anzuhäufen, damit wir den Anforderungen gewachsen sind und die Aufgaben lösen können, die auf uns zukommen, sobald der Krieg vorbei ist.*[305]

So hatte sie sich auf Rungstedlund eingeigelt und ihre Überwinterung begonnen, kräftesammelnd bei der Niederschrift von Geschichten, die den Anschluß zum Vorangegangenen wahrten und die Gegenwart mit einbezogen wie die Bestürzung Frederick Lamonds, der 1870 auf einer sentimental journey Hals über Kopf aus Berlin floh: *Ein großer Krieg stand vor dem Ausbruch.*[306] Die Probleme sind greifbar, die Menschen bodennah und ihre Lebensräume vertraut: Schauplatz ist bevorzugt die nordische Landschaft und in ihr vor allem Dänemark.

Der Verzicht auf die parfümierte und gepuderte Grandeur der *Sieben phantastischen Geschichten*, auf Maroquin und Seidendamast, und an ihrer Statt die Wendung zu den Holmen vor Seeland, den Mooren auf Jütland und den Ufern am Strandvej – das war 1942 neben aller Introversion Karen Blixens ein Bekenntnis zur Heimat. Zufrieden vermerkte der über ihre «erzreaktionäre Gesinnung» einst aufgebrachte Kritiker Tom Kristensen: «Sie ist wieder nach Dänemark zurückgekehrt.»[307]

Dort, im Kopenhagen der Jahre um 1860, spielt die Erzählung *Die Perlen*, für die Karen Blixen in der Braut Jensine ein Selbstbildnis gezeichnet hat – umrandet von den gut getroffenen Konterfeis des depressiven Vaters, einer prüden Tante und des banausenhaften Gatten. Über dessen junge Frau heißt es in einem dürftig von der Handlung motivierten Apropos: *Jensine war eine glühende Patriotin [...]. Sie las die Zeitungen vom ersten bis zum letzten Buchstaben. Eines Tages stieß sie in der «Berlingske Tidende» auf folgende Worte: «Die Lage der Nation ist ernst. Aber wir vertrauen auf unsere gerechte Sache, und wir sind ohne Furcht.»*[308]

Nein, das waren 1942 keine «sad tales»! Denn welche der Novellen einer damals las: er fand darin Kränkung, Gebrechen und Tod, doch nirgends eine Niederlage – vielmehr stetig die Mahnung, sich seiner Sendung hinzugeben, um am Ende ganz er selbst zu sein: als Individuum anderen nicht mehr verfügbar.

An seine Rolle als Schriftsteller glaubend erklärte Charlie Despard, das Double der Autorin, einem Freund: «*Ich habe das Buch Hiob lesen müssen, um die Kraft zu bekommen, meine Verantwortung überhaupt tra-*

Karen Blixen, 1942

gen zu können.» «Siehst du dich an Hiobs Stelle, Charlie?» fragte Aeneas.
«Nein», sagte Charlie feierlich und stolz, «an der Stelle des Herrn.»[309]

In Würde und mit Hexenlist war Karen Blixen ihrem Ruf gefolgt. Sie hatte ein *neues Buch* geschrieben und – wo Widerstand gefährlich war – mit den *Vinter-Eventyr* ein Instrument der Subversion geschaffen, der Resistenz, des Nicht-mit-mir.

Dänemark ist ein Gefängnis

Die Dänen verstanden die Zeichen der *Vinter-Eventyr*. Und so folgte der Erstauflage von achttausend Exemplaren schon drei Wochen später, am 31. Oktober 1942, eine zweite mit viertausend Stück. *Den afrikanske Farm* wurde zur selben Zeit in der achten Auflage gedruckt, von den *Syv fantastiske Fortællinger* bereitete C. A. Reitzel die vierte vor. Karen Blixen hatte sich als Autorin durchgesetzt und genoß es. Sie führte ein großes Haus, besaß seit 1936 ein Auto und hatte den Kutscher der Familie, Alfred Petersen, auf seine alten Tage – er war jetzt zweiundsiebzig – zum Chauffeur umgeschult. Neben ihm dienten eine Haushälterin und ein Stubenmädchen sowie sporadisch ein Gärtner. Rungstedlund wies, was den feudalen Gestus betrifft, Ähnlichkeiten mit M'bogani auf.

Und nicht allein in dieser Hinsicht...

Die Abschnürung Dänemarks vom Ausland und die Einstellung des internationalen Zahlungsverkehrs unterbrach den Zufluß von Karen Blixens Tantiemen – zum Beispiel aus den U.S.A., wo die *Winter's Tales* wie zuvor schon die *Seven Gothic Tales* und *Out of Africa* zum Book of the Month gewählt worden waren und eine hohe Auflage erzielten, inklusive einer Sonderausgabe «for the Armed Forces»[310]. Da die Herrin von Rungstedlund[311] aber auf diese Einkünfte angewiesen war – sie hatten sich bei Kriegsende allein in den Staaten auf dreißigtausend Dollar summiert –, dräuten wieder einmal shauries.

Hart genug freilich, um die Baronin in die Enge zu treiben, waren sie nicht. Bestärkt von einem privaten Synkretismus aus christlicher Prädestinationslehre und muslimischem Fatalismus, ließ sie die Struktur ihres Lebensstils unangetastet, wohingegen sie sich einschränken mußte. Sie versorgte sich aus dem Küchengarten, erhielt vereinzelt Zuwendungen von Freunden und nahm das Fahrrad, nicht den Ford.

Die Deutschen derweil mehrten ihre Pressionen auf die Bevölkerung. Sie zwangen die einheimische Polizei unter Bruch der Verfassung, Hunderte von Kommunisten zu internieren. Die Waffen-SS hob Mannschaften aus. Der Historiker Vilhelm la Cour wurde wegen seiner Flugschrift «Om at sige Ja – og Nej» («Wie man Ja sagt – und Nein», 1941) ins Ge-

Der dänische Außenminister Erik Scavenius begrüßt am 5. November 1942 den Bevollmächtigten des Reiches Dr. Werner Best. Beide zogen von jetzt an am fatalen selben Strang: wollte Best seinem Führer «Ruhe und Sicherheit» im okkupierten Land garantieren, suchte Scavenius – der bald auch Kabinettschef wurde – die Dänen wohlbehalten durch die finsteren Zeiten der Besetzung zu bringen.

fängnis geworfen. Und obschon das Kabinett von Erik Scavenius bis zur Selbstentäußerung versuchte, mit appeasement-Politik den Frieden im Lande aufrechtzuerhalten, kam es immer öfter zu Sabotageakten, so daß der Regierung am 29. August 1943 vom Militärbefehlshaber in Dänemark, General Hermann von Hanneken, mitgeteilt wurde, daß «ihre Befugnisse durch die Übernahme der vollziehenden Gewalt auf [sic!] die deutsche Wehrmacht beendet sind»[312]. Am 2. Oktober 1943 sollten dreitausend Juden deportiert werden. Aber die Solidarität und der Mut der Dänen machte die Aktion zu einem Schlag ins Wasser.

Unter denen, die die gefährdeten Mitbürger warnten, sie versteckten und auf ihrer Flucht nach Schweden unterstützten, war auch Karen Blixen. «Oftmals, wenn die deutschen Offiziere zu einer Durchsuchung des Hauses vorgefahren kamen, nahm Tania sie an der einen Tür mit Sarkasmen und bissigen Bemerkungen in Empfang und hielt sie so lange in Schach, bis die Verfolgten durch eine andere Tür zu ihrem neuen Unterschlupf hinausgeleitet waren.»[313]

Im Sommer hatte sie zu Ehren des Dichters Johannes Ewald nach Rungstedlund eingeladen, wo sie die Vögel in den Hainen pries und daran erinnerte, daß manche – wenn es Winter in Dänemark wird – fernhin ins südliche Afrika ziehen. Und wieder träumte sie *nur von Schwingen, nur von Schwingen*:

Wir selbst können in diesen Jahren nicht reisen. Es ist schmerzlich, sich eingesperrt und von der Außenwelt abgeschnitten zu fühlen; und manchmal hat man das Gefühl, man würde erwürgt. Um aus der alltäglichen Unfreiheit herauszukommen und uns umschauen zu können, um zu begreifen, was das ist, das um uns her und mit uns geschieht, und um etwas Bedeutenderes zu sehen als uns selbst, müssen wir eine Reise in der Zeit machen.[314]

Karen Blixen nannte als Fluchtweg jene Route, die sie in allen *tales* und *stories* eingeschlagen hatte. Mit *Der Fisch* war sie am weitesten vom Heute weggekommen, mit *Die unbezwingbaren Sklavenhalter* (beides aus den *Wintergeschichten*) hatte sie die kürzeste Strecke zurückgelegt: hier bis in das Jahr 1875, dort bis in das Jahr 1276. Dies berührt auch jene mittelalterliche dänische Ballade, die eine Vorlage der Novelle war und deren Strophen immer mit dem Vers verklangen:

«Nun steht das Land in Gefahr.»[315]

Das Menetekel von einst war der Sachstandsbericht von jetzt. Kelvin Lindemanns Buch «Den kan væl Frihed bære» («Der kann wohl Freiheit tragen», 1943), in dem die Invasion Bornholms durch die Schweden im Jahre 1658 und der Freiheitskampf der Insulaner geschildert wurde, war von der Zensur beschlagnahmt worden. Und am 4. Januar 1944 hatte eine Rotte unter dem SS-Schergen Otto Schwerdt den Schriftsteller Kaj Munk ermordet. Überall gab es standrechtliche Erschießungen.

In diesem Klima des Schreckens und der Angst erschien am 2. September 1944 bei Gyldendal der Schauerroman eines gewissen Pierre Andrézel: *Gengældelsens Veje*[316] *(Die Rache der Engel)* – ins Dänische übertragen von Clara Svendsen.

Das Buch enthält die Geschichte der Freundinnen Lucan und Zosine, die in der Zeit um 1840 einem englischen Pfarrer und dessen Schwester als Zöglinge von London aus nach Frankreich folgten. Dort erkannten sie, daß sie einem Mädchenhändler in die Fänge geraten waren und just

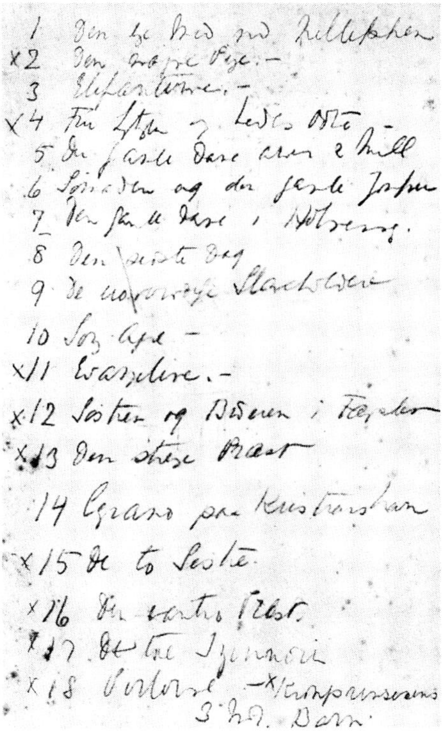

Karen Blixen hatte die Angewohnheit, Bücher, die sie las, mit Notizen vollzumalen: magischen Zahlenkolonnen, Anagrammen, Speisefolgen – so in Ernest Hemingways «The Sun also Rises» – oder Lohnabrechnungen. Die nebenstehende Abbildung zeigt ein Exposé für die «Wintergeschichten» auf einer der Leerseiten in Lacy Collison-Morleys «The Story of the Borgias» (London 1932).

wegen dieser Entdeckung nun in der Gefahr schwebten, zum Schweigen gebracht zu werden. Glück und Verstand indes führten zum Happy-End: der Pastor und seine Komplizin hängten sich auf, und die beiden Unschuldswesen fanden jedes für sich einen treuen Gemahl.

Der süßlichen Intrige dieses «romantischen Thrillers»[317] entspricht der Brontë- und Courths-Mahler-Kitsch, mit dem der Erzählstil kandiert ist – beispielsweise, wenn Lucan ihr Innerstes befragt: *«Was ist es denn, was ich selbst vom Leben erwarte und wonach es mich immer verlangt und worauf ich gehofft habe?»* Ihr eigenes Herz antwortete ihr sogleich und laut: *«Es ist die Liebe.»*[318] Und es wäre verschmockt, falls zwischen solche Plundersätzchen nicht hin und wieder Bemerkungen gemogelt wären, die wie ein Kassiber an das dänische Publikum in der Zeit um 1940 wirken: *«Ihr ernsthaften Leute dürft nicht so streng ins Gericht gehen um Dinge, die einem Menschen in den Sinn kommen, wenn er sich vergnügen will, sobald dieser Mensch eingesperrt ist wie ein Gefangener und nicht einmal sagen darf, daß es ein Gefängnis ist!»*[319]

Nachdem am 29. August 1943 der Ausnahmezustand über Dänemark verhängt und die Regierung Scavenius ihres Amtes enthoben war – das Ganze geriet auch zum Debakel für den Bevollmächtigten des Reiches Best –, wurde die Situation im Lande brisant. Immer öfter kam es zu Terrormaßnahmen der Deutschen, immer häufiger zu Protestaktionen der Dänen – so wie 1944 beim Generalstreik in Kopenhagen, als die Bewohner der Hauptstadt Straßensperren errichteten.

Wo Leser unfrei sind, entwickeln sie ein feines Sensorium für die Chiffrenhaftigkeit eines Textes, und sie suchen mit Verschworenengeist nach dem Schlüssel zu seiner Decodierung.

So auch hier! Zumal dem Klappentext von *Gengældelsens Veje* eher an Verschleierung zu liegen schien denn an Enthüllung: «Das Leben Pierre Andrézels ist von einem Air des Mystischen umgeben. Mehr legendär denn aktenkundig.»[320]

Wurde da nicht mit linkischer Verstellung auf das Französische als Ausgangssprache hingewiesen – nicht: um das Englische auszuschließen, aus dem mittlerweile Übersetzungen ins Dänische verboten waren, sondern: um das Pseudonym als solches anzuzeigen? Und wie hieß dann der wirkliche Autor?

Der Rebus war nicht unlösbar. Denn wenn man unterstellte, daß unter dem Kostüm kein Stimmenimitator steckte, pflegte nur e i n e Person eine Farbige zu beschreiben, wie es gerade geschah: *Sie war so dick wie ein Nilpferd und füllte die ganze Türöffnung aus, und sie hatte etwas Bedächtiges und Gutmütiges an sich wie ein großes, wildes Tier im zoologischen Garten.*[321] Nur e i n e Person benutzte zudem das Motiv von *schwarzen Schafen*[322] und von *Masken*[323]. Und nur e i n e r Person war die Würde, *die darin besteht, daß man seinem Schicksal gehorcht*[324], so angelegen, daß sie den Gedanken in *Gengældelsens Veje* gleich zweimal vortragen mußte.

Dennoch: als die «Nationaltidende» am 19. November 1944 «Ein Stück literarischer Detektivarbeit» aus dem Investigationsbüro des Pastors Kaj Thaning veröffentlichte[325], waren es nicht diese first-class-Beweisstücke, welche die Spurensicherung zur Überführung Karen Blixens aufgelesen hatte, sondern Anglizismen und sowohl in *Syv fantastiske Fortællinger* als auch in *Den afrikanske Farm* sowie *Gengældelsens Veje* zu ermittelnde Spracheigentümlichkeiten.

Vier Tage später griff die Verdächtigte über «Berlingske Aftenavis» selbst in das Räuber-und-Gendarm-Spiel ein.

Mit einem unanfechtbaren Sophismus erklärte sie zunächst: *Ich habe «Die Rache der Engel» gelesen und kann rundheraus auf das Bestimmteste versichern, daß ich mich – angenommen, ich wäre der Autor des Buches – nie dazu bekennen würde.*[326]

Dann fuhr sie fort: *«Die Rache der Engel» ist kein übler Roman. Aber er ist zur Unterhaltung geschrieben, ohne künstlerische Ambition, und eindeutig als Fortsetzungsgeschichte angelegt, jeweils mit einem Kapitel pro Tag. Auf mich macht er den Eindruck, als sei er ohne eine Besinnungspause entstanden, wobei der Verfasser das eine oder andere bedenklich leicht genommen hat – nicht allein bei den Liebesabenteuern, von denen er vermutlich meinte, daß so etwas in einen Roman hineingehört, sondern vor allem bei der Glaubhaftigkeit. Viel Ehre hat er damit wohl nicht einlegen wollen.*[327]

Trotz *wohl* und *vermutlich* wirkte diese Stellungnahme wie eine Selbstanzeige und nicht wie eine Unzuständigkeitserklärung. Das gab dem Buch einen zusätzlichen «thrill». Und so mußte Gyldendal bis zum Dezember des Jahres 1944 Monat für Monat fünftausend Exemplare von *Gengældelsens Veje* nachdrucken: den einen Käufern zum leichten Genuß eines Reißers, den anderen zur Befriedigung des indignierten Interesses an einem Fehltritt[328].

Dabei war der Roman nichts als ein jeu d'esprit gegen die Platzangst! Und wer wußte das besser als Karen Blixen?

Bedachtsam griff sie in «Berlingske Aftenavis» von allen Sätzen des Buches nur einen einzigen auf: Zosines Verteidigung der Dinge, *die einem Menschen in den Sinn kommen, wenn er sich vergnügen will, sobald dieser Mensch eingesperrt ist wie ein Gefangener und nicht einmal sagen darf, daß es ein Gefängnis ist*[329].

Auf dem Hexenbesen

Als der Krieg zu Ende war und sich die Welt allenthalben an die Beseitigung der materiellen Schäden und die Versorgung der ideellen Wunden machte, brach für Karen Blixen ein verworrenes Jahrzwölft an: eine Phase wie das Fieber vor einem letzten Aufbäumen, dem dann der Tod folgt.

Nachdem sie am 17. April 1945 ihren sechzigsten Geburtstag gefeiert hatte, wurde sie zusehends hinfällig. Sie litt unter Magenkrämpfen und war deprimiert; solch ein Leben, sagte sie, sei *kein lebenswertes mehr* [330]. Ein Ärztekollegium, das dem Auslöser ihrer Beschwerden nicht beizukommen vermochte – eine Wärmetherapie hatte bei Karen Blixen Beklemmungszustände hervorgerufen –, bekämpfte deren Wirkung nach einer nicht heilenden, nur lindernden Methode. Ihr zufolge wurde im Februar 1946 bei der Patientin eine Sympathektomie vorgenommen, eine Durchtrennung von schmerzleitenden Nervensträngen.

Sie erholte sich noch von dem Eingriff und las vielleicht soeben in dem Buch, das ihr – «Frohe Weihnachten und ein gutes neues Jahr, Dein Bror» [331] – letzthin zugegangen war, als sie die Nachricht erreichte, daß Blixen drüben in Schonen auf eisglatter Straße bei einem Autoaufprall umgekommen war. Nach etlichen Ehen und Abenteuern hatte er sich in einer spartanischen Kate auf Näsbyholm – das unterdessen von einem seiner Neffen, Carl-Frederik, bewirtschaftet wurde – zur Ruhe gesetzt. Und auch wenn es Karen Blixen 1937 in schuftiger Ranküne durchgedrückt hatte, daß der Afrika-Leitfaden ihres Ex-Mannes «Nyama» [332] nie auf dänisch erscheinen konnte, war Bror Blixen doch ein Teil ihrer Persönlichkeit geblieben.

Er war der, mit dem sie gern noch einmal auf Safari gegangen wäre; und er war der, nach dessen Vorbild sie in *Die Perlen* den Landadligen Rosenkrantz und in *Die Träumer* den schwedischen Baron Gyldenstern unter die Komparserie gemengt hatte: als Ausgeburten jenes lästigen Lüstlings, in dessen Umarmung Jensine, Karen Blixens Doppel, herzinniglich hoffte: *«Ist's möglich, so gehe dieser Kelch von mir!»* [333]

Seiner tumben Geschlechtlichkeit, *ein übers andere Mal die Wiederholung des alten, längst bekannten Stücks zu erleben* [334], stand die Finesse

Derweilen «die Baronin» bis zu ihrem Tode auf der weitläufigen Länderei von
Rungstedlund im Kreise einer vielköpfigen Dienerschaft residierte...

... hauste jenseits des Sundes Bror Blixen während der letzten Jahre seines Lebens
einsam in der «Grindstuga» von Näsbyholm, einer alten Pförtnerkate.

Karen Blixens gegenüber: ihre ritualisierte Erotik, die – ambivalent wie ihre Seinstheorie – eine Facette sowohl ihrer Wirklichkeit als auch ihrer Dichtung war: eine ästhetische und eine existentielle Kategorie.

In einem deshalb anzüglichen Regieeinfall des Schicksals wurde Karen Blixen, kaum daß die Meldung angekommen war, Rosenkrantz-und-Gyldenstern sei'n tot, noch einmal ein Favorit zugeführt.

Stets hatte sie mit ihren Geschichten voller Embleme und Allegorien zu Hause als anachronistisch gegolten; die Sottise Frederik Schybergs auf die «begabte, aber überdrehte Autorin»[335] hielt sie beharrlich für eine uneingestanden nationale Aversion – und das, obwohl sie beim Übergang der vierziger in die fünfziger Jahre an die Spitze einer starken Zeitströmung getragen wurde.

Eine dem Inferno entwachsene Generation von Schriftstellern war die Ideologien leid und hatte mit Unmut vernommen, wie bereits wieder 1947 auf einem Kongreß der Kommunistischen Partei Dänemarks ein Redner ausrief, «daß er dem Partisan hinter dem Maschinengewehr in den Bergen Griechenlands jederzeit den Vorzug gebe vor allerlei dichterischen Schwärmereien»[336]. Da verschrieb sich ein Forum von weltverdrossenen Poeten – unter der Schirmherrschaft Rilkes und Baudelaires jeglichen Rationalismus und jedwede Orthodoxie verketzernd – in der «Heretica»-Gilde der symbolistischen Poesie und rief Karen Blixen, die in *Sandhedens Hævn* schon 1926 *namentlich die Symbolisten*[337] für reizvoll erachtet hatte, zur Königin der Troubadoure aus. Wie eine zweite Eleonore von Aquitanien hielt sie alsbald Hof im Kreise junger, von dem Lyriker Ole Wivel geladener Verfasser, die aus esoterischer Künstlichkeit eine Realität von Ewigkeit zu Ewigkeit schöpfen wollten: das aus vergänglichem Ausdruck sich entwickelnde unzerstörbare Sinn-Bild. «Es ist der Drang des Gedichts», betete die Runde Paul la Cour nach, «sich zu vernichten, und der Wille des Worts, sich zu opfern.»[338]

Einer dieser Mystiker der Intuition war neben Jørgen Gustava Brandt und Frank Jæger, Erik Knudsen und Ole Sarvig der 1918 geborene Thorkild Bjørnvig – zwar der älteste im Bunde, verheiratet und Vater eines Sohnes, aber dennoch unausgereift und labil und gefügig … willig, einer Hohepriesterin zu ministrieren. «Endlich ist mir etwas begegnet, das einen Sinn hat. Immer habe ich nach jemandem gesucht, dem ich dienen kann, aber niemanden gefunden. Ich habe davon geträumt, zu gebieten oder zu dienen, eigne mich aber für keins von beidem so richtig. Lassen Sie mich Ihnen dienen in der Zeit, die verbleibt.»[339]

Dieser Brief Thorkild Bjørnvigs vom 20. Januar 1950 an die Baronin Blixen war die Plattform dessen, was die beiden ihren «Pakt» nannten: eine Jüngerschaft und éducation sentimentale, ein Quentchen Liebe, dabei mehr wohl eine «folie à deux»[340] – vor allem aber ein diabolisches Hexenexperiment.

Mit dem Falkenblick der Harpyie aus der *Geschichte des Schiffsjungen*

Unter dem Titel «Alkyonisch» dichtete Thorkild Bjørnvig 1959: «Erst überschreitet das Glück / die Schwelle / der Wirklichkeit und wird Traum. / Dann überschreitet der Schmerz, / der übergroße Schmerz, / die Schwelle und wird Traum. / Am Tage klingt alles abschiedslaut: / denn wirklicher als jeder Laut, / jeder Axthieb, jeder Anruf der Pferde, / ist der Echolaut.»

hatte Karen Blixen einen Menschen ausgespäht, an dem sie ihre literarischen Arrangements in der Wirklichkeit durchspielen konnte. Deshalb wurde alles mise en scène: wie sie ihren Günstling hierhin und dorthin kommandierte, zurückbeorderte und verstieß und unter Sirenengesäusel mit einem feierlichen Kuß auf Stirn oder Wange versöhnte, ihm «gemessen»[341] zuprostete, ihn – «mit ihrer großen, schönen Schrift: *Idiot*»[342] – beleidigte und wieder aufrichtete: *Ja, wollen Sie denn nicht den Hexenbesen mit mir besteigen?*[343] Doch Bjørnvig traute sich nicht. Er blieb am Boden und folgte sich drehend und wendend und immer schwindliger werdend den Volten jener Sphinx, die ihn gegen seine Frau aufwiegelte, bis diese einen Selbstmordversuch unternahm; die vorschlug, ihn mit der Komtesse Caritas Bernstorff-Gyldensteen, einer Verwandten, zu verkuppeln; die ihn wie der Vamp auf Félicien Rops' Graphik «La Dame au Pantin» («Die Dame mit dem Hampelmann», 1870) beäugte und voll der Tücke einer femme fatale an den Abgrund lockte: sie «wollte, ich solle mich auszeichnen, mich aus der bürgerlichen Gesellschaft absondern, wenn schon durch nichts anderes, dann durch etwas Unzulässiges, die eine oder andere Form von Verbrechen, damit ich aus den sozialen Zusammenhängen ausgespien und auf ihren Schutz, ihre Mitverschworenheit angewiesen wäre»[344].

Vier Jahre taumelte Thorkild Bjørnvig wie ein berauschter Tanzbär am Zügel der Verführerin. Er lernte, daß sich Karen Blixen berufen sah, im Alleingang das von Befreiungsaufständen erschütterte Kenia «in Ordnung»[345] zu bringen, und daß sie sich, sofern «sie es für erforderlich hielt, seelenruhig an Gottes Stelle»[346] setzte. Dann kündigte er den «Pakt».

In einem noblen Buch hat er später das, was ihm zwischen 1950 und 1954 widerfahren war, als Schulung und Härtung seines Charakters dargestellt und Karen Blixens «Selbstvergötterung»[347] aus ihrem Verständnis des Naturreichs abgeleitet, wonach aus allem dem, was ist, der Geist eines heiligen Willens hervorspricht. Als sei nicht sie es, die da redet!

Indes, so feinfühlend die Apologie auf Karen Blixen war, so lebensfern blieb sie, weil der Undinen-Bann der Autorin noch immer auf ihrem Knappen von einst lag und er in der Retrospektive auf die Hochgestimmtheit von damals Regungen bei ihr wie Mißgunst und Gekränktheit nur als plausible Reaktionen auf Blasphemie und Majestätsbeleidigung erinnerte.

Frederik Schybergs Rezension der *Syv fantastiske Fortællinger* war 1935 solch ein Skandalon gewesen; gleichwohl, was war d a s gegenüber

Es wäre seltsam gewesen, hätte Karen Blixens Faible für kapriziöse Kopfbedeckungen nicht auch seinen Niederschlag in ihren Texten gefunden. Die französische Metropole wurde dort nachgerade zum Synonym für Putzmacherkunst. Daher versteht es die Priorin in «Der Affe» gut, daß Athene Hopballehus die Stadt der Haute Couture besuchen möchte: «Das liebe Kind hat nie einen Pariser Hut auf dem Kopf gehabt.»

1907   1929

dem aktuellen Kasus: Alexis Harengs Erzählung «En Aften i Kolera-Aaret»[348] («Ein Abend im Jahr der Cholera») vom Oktober 1953! Der Band wurde so ausgekocht und – wie Thorkild Bjørnvig wetterte – «frech»[349] von Carit Andersens Forlag beworben, daß «Gott und die Welt überzeugt war»[350], es handele sich um das jüngste Werk der unter einem neuen Pseudonym auftretenden Karen Blixen!

Tatsächlich aber stammte der Text vom Verfasser des Widerstandsromans «Den kan væl Frihed bære», Kelvin Lindemann. In einem Interview mit Karen Blixen in der «Nationaltidende» hatte er am 4. Dezember 1949 zwar noch bemerkt: «Karen Blixens opalisierende Sprache [...] nachahmen – das kann nur ein Pierre Andrézel»[351], dann jedoch trotzdem eine Imitation angefertigt[352]. Deren parodistischer Klang ist so rein, daß interessant an dem Spaß lediglich die Antwort auf die Frage ist, warum sich überhaupt Leser davon täuschen ließen.

War ihre Erwartung an die Wirkungsabsicht eines Kunstwerks dermaßen gering, daß sie sich auf hundertachtundsechzig Seiten mit Schablonen und Stereotypen abspeisen ließen?

Den Rahmen bildeten abermals Adelshäuser und -paläste... die Zeit war abermals die Mitte des 19. Jahrhunderts... und als Besetzung agierten abermals Geheimräte und Gutsherren – einbegriffen der offenbar unverwüstliche Graf Schimmelmann. Beifiguren trugen noch einmal pompös-bizarre Titel wie Baron dal Borgo del Asylo – «ein Prädikat, das sich anhörte, als sei es zum Witzeln ersonnen»[353] –, Conradine van der Hooglant oder Dritter Marquis von Zarpada; und zur Unterfütterung des stilistischen Niveaus dienten wie eh und je Scheherezâde und Dante und Goethe und Shakespeare – sowie, welch untrügliches Zeichen, Johannes

1957   1958

Ewald! Der Übergang der Aristokratie «in andere Hände»[354] wurde bedacht und die Komödien- und Maskenhaftigkeit all unseres Betragens. Verschachtelt in Geschichten von Geschichten über Geschichten voller blinder Motive und leerlaufender Handlungsstränge ward Pisa zur vertrauten Kulisse, «berühmte Marionetten»[355] gaben eine Vorstellung, und dann wurde die Krankheit «mit dem Namen der Göttin Venus»[356] zitiert; am Ende steht als Tusch eine Redensart «über das hochmütige Kriegervolk der Massai»[357]; danach schließt der Inhalt eines Medaillons die Fassung des Ganzen: eine Kabale um Eifersucht und Liebestrug.

Wurde also hier ein unbedarftes Publikum bloß zum Narren gehalten? Oder nahm nicht Kritik über seine Köpfe hinweg das Imitierte aufs Korn – und dessen Urheberin?

Was Karen Blixen auf Anhieb verspürte, war die enthüllende Kraft der Karikatur, die ihre Innovationsfähigkeit als beschränkt und ihre Illusionsbildung als Masche denunzierte.

Sie schäumte und wurde zur Furie. Daß man ihr das antat: ihr, die eben mit Plaketten, Lorbeer und Stipendien prämiert worden war; ihr, mit der sich seit 1949 drei Monographien befaßten; ihr, die ungeachtet schwerer Krankheit Jahr für Jahr Novellen und Essays und Causerien veröffentlicht hatte!

Es war ruchlos; und sie gelobte, «daß nie mehr ein einziges Wort von ihr auf dänisch herauskommen solle»[358].

«En Aften i Kolera-Aaret» war noch nicht ausgeliefert, da erstattete Karen Blixen Anzeige wegen eines Verstoßes gegen die Regeln des lauteren Wettbewerbs. Sie hätte dem kleinen Unternehmen keinen größeren Gefallen tun können: Harengs Persiflage war von heute auf morgen «das meistdiskutierte Buch der Saison»[359], sie wurde zur Fortsetzung in «Berlingske Aftenavis» gebracht; und wochenlang verging kein Tag, an dem nicht von der Affäre in irgendeinem Blatt zu lesen war.

Als die Klage im Mai 1954 per Gerichtsbeschluß abgeschlagen wurde, hatte Bjørnvig seine Mentorin schon unter Hinweis auf ein Rezept des umgeiferten Mozart besänftigt: Verleumder am effektvollsten durch neue Werke zu beschämen. So rückte sie davon ab, «eine ganze Nation für die Missetaten von ein paar wenigen büßen zu lassen»[360], und gab 1957 zwölf *Sidste Fortællinger*[361], ein Dutzend *Letzte Erzählungen,* zum Druck.

Am Abend vor dem Erscheinen der Sammlung, am 3. November, war sie in Rom zu Gast bei ihrem Cicerone, Eugene Walter. Der holte sie mit dem Taxi vom Hotel ab und überreichte ihr im Wagen ein Paket: das durch «die Macht der Bestechung»[362] in seine Hände gelangte Manuskript von Kelvin Lindemann. Auf einer Brücke ließ er den «tassista» halten, stieg mit Karen Blixen aus ... und gemeinsam senkten sie das infame Elaborat zum Gemurmel satanischer Flüche in die Fluten des Tiber.

Künstlertum und Priesterstand – oder: Die Energie des Nichts

Derweil noch einzelne Blätter aus «En Aften i Kolera-Aaret» gen Ostia trieben, wurden im Norden Europas – in Dänemark – zum erstenmal seit langem wieder Exemplare einer gewichtigen Neuerscheinung von Karen Blixen in die Schaufenster gestapelt. Zwar hatte sie zwischen 1950 und 1955 ein paar ihrer Radio- und Magazinbeiträge gebunden vorgelegt – darunter die Erinnerung *Farah (Farah)*[363], die Plaudereien *Daguerreotypier (Daguerreotypien)*[364] und die Short story *Babettes Gæstebud (Babettes Fest)*[365] –, aber das waren Interludien gewesen, Pausenzeichen in einer zwölf Jahre dauernden Stille, die ihr als Buchautorin aufgezwungen war.

Größere Erzählbände konnte Karen Blixen bei fortschreitendem Siechtum nur unter Qualen vollenden – weshalb sie auf eine Sekretärin angewiesen war, Clara Selborn, der sie vom Bett oder von der Chaiselongue aus diktierte. Es war eine Tortur! Mit grauenhaften Koliken mußte sie sich am 17. April 1955 von der Feier ihres siebzigsten Geburtstags zur Wohnung ihrer Schwester Ellen transportieren lassen.

In dieser Krisis beschloß sie, im August der Ultima ratio ihres Arztes, Eduard Busch, zu folgen und sich einer Chordotomie zu unterziehen, einer Zerschneidung der Schmerzsträhne im Rückenmark. Kurze Zeit später, im Januar 1956, wurde ihr – weil man dort Geschwüre festgestellt hatte – obendrein ein Teil des Magens reseziert. Davon erholte sie sich nie mehr.

Was mich betrifft, erklärte sie am 23. August 1957, *so habe ich die letzten zwölf Monate an «Letzte Erzählungen» gearbeitet, während ich mit anderthalb Fuß im Grabe stand.*[366]

Ob es nun daran lag, daß Karen Blixen im Zusehen verfiel (sie wog kaum siebenundsiebzig Pfund, und ihr Antlitz nahm pergamenten die Züge einer Pharaonenmumie an)... oder daran, daß Karen Blixen in den jüngst verstrichenen Jahren bevorzugt als Vordenkerin aufgerufen worden war (sie hatte zu einer Rechtschreibreform gesprochen, zum Wandel sittlicher Normen und zu Tierversuchen) ... oder daran, daß Karen Blixen nicht nochmals Anstoß geben wollte zu einem Gewitzel wie in Harald Nielsens 1956 publizierter Bestandsaufnahme ihres vermeintlich

Karen Blixen sollte nicht nur im Laufe ihres Lebens in etlichen Romanen von Kollegen als Person erscheinen – sie stand auch seit dem Tag ihres Berühmtwerdens den bildenden Künsten Modell. Schon 1935 schuf Harald Isenstein eine Plastik von ihr, ebenso später Edith Fischerström und 1961 Emile Norman. In der Malerei ist das 1955 vollendete Bildnis von Kay Christensen das bedeutendste.

atemberaubenden Wortinventars («Kein Innenarchitekt in Ekstase hätte sich besser ausdrücken können»[367]) – jedenfalls stylte sie die *Sidste Fortællinger* mit den üblichen Accessoires, Nippes und Attrappen handwerklich zwar makellos, doch so blutleer durch, daß sich nimmer einstellen wollte, was Karen Blixens vorherige Texte besaßen: das Bouquet der «pourriture noble»[368], das Genießerische und die Extravaganz.

«Keinerlei Fortschritt in Gedanken und Technik»[369] fand Robert Langbaum in den Geschichten. Judith Thurman betrachtete sie als «schwächer»[370] denn alles, was Karen Blixen je geschrieben hatte: als «das didaktischste ihrer Bücher»[371]. Und nach Einschätzung von Staffan Björck enthält es «viel zu viele Deklarationen»[372].

Der Grund für solche Verdikte lag darin, daß die Nachfrage der Leser dem Vorsatz der Autorin widersprach. Indes jene dauernd neue Trouvaillen verlangten, wollte sie Aus- und Aufklang ihres Œuvres verknüpfen, es runden und vollenden.

Was aber konnte dieses Streben markanter akzentuieren als die Einführung des Indianers *Osceola*[373], des Stifters ihres ersten Pseudonyms, in Karen Blixens *Letzte Erzählungen*!

Durch einen Titel, der an den Roman des Norwegers Knut Hamsun «Siste Kapitel»[374] («Letztes Kapitel»[375]) von 1923 erinnert – die Hauptfigur darin trägt den gleichen Namen wie die in Karen Blixens Novellen *Der junge Mann mit der Nelke* und *Eine tröstliche Geschichte*: d'Espard –, verbürgt sich das Werk zwar für einen fiktionalen Charakter, doch ist es im Angesicht baldigen Sterbens auch ein realer Abschied, so wie der Schwede Sven Delblanc 1991 – den nahen Tod im Visier – «Slutord»[376] verfaßte: «Schlußworte».

Noch einmal sprach Karen Blixen von Dionysos *(Die erste Erzählung des Kardinals)*, von Gliederpuppen *(Nächtliche Wanderung)* und einem «Pakt» *(Der Mantel)*, sie verarbeitete den Liebesverzicht ihres Vaters vor dessen Weggang nach Wisconsin *(Saison in Kopenhagen)* und die eigene Heimsuchung durch die Syphilis *(Die dritte Erzählung des Kardinals)*, sie ließ Pellegrina Leoni von *Die Träumer* aus den *Sieben phantastischen Erzählungen* auferstehen *(Widerhall) – ja, das bin ich*[377] *–* und die Karyatiden von *Leidacker* aus den *Wintergeschichten (Karyatiden)*, rekrutierte wie so gerne Nonnen *(Die leere Seite)*, Gutsbesitzer *(Eine Geschichte vom Lande)* und Johannes Ewald *(Nächtliches Gespräch in Kopenhagen)* als Akteure; und dann gruppierte sie das alles um ihr poetisches Vermächtnis: eine Dichtungslehre im Stile der sokratischen Kunst des Fragens.

«Denn was», drängt in *Die erste Erzählung des Kardinals* der Geistliche Salviati eine Dame in Schwarz, *«was ist das für ein Mann, der in sein Erdenleben mit dem Rücken zu Gott hineingestellt ist und sein Gesicht den Menschen zukehrt, weil er Gottes Sprachrohr ist? Was ist er für einer, der keine eigene Existenz hat, weil jedes Menschen Existenz die seinige ist, und der weder Freunde, noch Heim, noch Weib hat, weil sein Herd allen gehört und er selbst der Freund und Liebhaber aller menschlichen Wesen ist!»*

«Ach!» flüsterte die Dame.

«Bemitleiden Sie ihn nicht, diesen Mann», sagte der Kardinal. *«Vom Schicksal gezeichnet wird er sein, das ist wahr, und ewig einsam, und wo er hinkommt, immer wird es seine Bestimmung sein, Herzen zu brechen, denn ein gebrochenes, zerknirschtes Herz ist ein Gott wohlgefälliges Opfer. Doch er hält sein Sprachrohr schadlos. Hat sein Diener auch sonst nicht viel Macht, so ist ihm doch von Gottes Allmacht ein klein wenig mitgegeben. […]*

[…] der Mann, von dem wir sprechen», setzte er nach einer längeren Pause hinzu, *«ist in all dem Spiel und Kampf dieser Welt der Bogen des Herrn.»*

«Von wo der Pfeil immer ins Herz trifft», rief die Dame aus.

«Ein treffendes ‹jeu de mots›, Madame», sagte er und lachte, *«doch habe ich das Wort in einem anderen Sinn gebraucht und das gebrechliche Werkzeug dabei im Auge gehabt, das, selbst stumm, in der Hand des Meisters alle Musik hervorbringt, die in den Streichinstrumenten steckt, so daß es also gleichzeitig Mittel und Schöpfer ist.*

Doch sagen Sie mir nun, Madame», schloß er, «wer ist dieser Mann?»
«Es ist der Künstler», antwortete sie langsam.
«Sie haben recht», sagte er. «Er ist ein Künstler. Und wer noch?»
«Der Priester», sagte die Dame.
«Ja», sagte der Kardinal.[378]

Wie der theîos aoidós der Antike ist der Dichter gleich dem Priester ein Mensch vor dem Schöpfer und ein Schöpfer vor dem Menschen – ein Medium zwischen Logos und Mythos, das heißt: ein Mittler zwischen jenem deus artifex und dem Kunstwerk. Und weil nach dem Evangelium des Johannes das Wort im Anfang war[379], nicht der Ton und nicht das Bild, kürte Salviati in selbstischem Eklektizismus die Epik zur ‹ars divina›: *Die göttliche Kunst ist das Geschichtenerzählen. Im Anfang war das Erzählen.*[380]

Diese Deduktion gefiel der Besucherin des Kirchenfürsten; und so begnügte sie sich, bevor sie seine Audienz verließ, mit einem letzten Einwand:

«Sind Sie gewiß», fragte sie, «daß es Gott ist, dem sie dienen?»
Der Kardinal blickte auf, sah ihr ins Auge und lächelte gütig.
«Das, Madame», erwiderte er, «ist ein Risiko, das Künstler und Priester hienieden auf sich nehmen müssen.»[381]

Wer Rungstedlund besucht, wenn die Bäume kahl sind, dem bleibt der Anblick einer üppigen Fauna vorenthalten. Er wird jedoch entschädigt durch den freien Blick über die Weite des Areals. Und er nimmt wahr, was die Autorin schilderte: «Das ganze Gelände steigt nach Nordwesten hin an, dort liegt die ‹Ewalds Höhe›.» Unter deren alter Buche wollte Karen Blixen einst begraben werden.

Nachdem Karen Blixen das ‹Was› ihrer Schriftstellerei als gleichsam sakrale Devotion-an-sich periphrasiert hatte, als Selbstentäußerung an ein Numen, schilderte sie in einer frivolen Parabel das ‹Wozu›.

Die leere Seite berichtet von einem Karmeliterkloster in den Bergen Portugals, das das Privileg besaß, allen Töchtern aus dem Geschlecht der Bragança die Brautlaken zu weben. Und da es dies stets zum Behagen der Prinzessinnen getan hatte, verfügte das Claustro de Carmo über ein weiteres Vorrecht: die Linnen nach der Hochzeitsnacht als goldgerahmte Atteste der jüngferlichen Eheschließung all der Donna Marias und Donna Ines' in hymenäischer Exhibition auszuhängen.

Wie anachronistische Rorschachkleckse prangten die Blutbilder in den Gewölben und reizten die Sinne der Betrachter. Keines freilich wirkte so erregend wie jenes, dessen Namensschild ohne Gravur geblieben war: *Die Leinwand ist schneeweiß von einem Rand zum anderen – eine leere Seite* [382].

Entschiedener als 1934 in *Der Dichter*, wo Karen Blixen unter Zuhilfenahme eines Hesiod-Zitats – *Der ist ein Narr, der nicht weiß, daß die Hälfte mehr ist als das Ganze* [383] – das Lob des Unvollkommenen gesungen hatte, des Geheimnisumwehten, verehrte sie jetzt durch den Mund einer Vettel das Gar-nicht-Gesagte als mystischen Ursprung aller Erzählkunst:

«Wer erzählt denn», fährt sie fort, «bessere Geschichten als irgendeine von uns? Die Stille. Und wo liest man eine tiefsinnigere Geschichte als auf der meisterhaft gedruckten Seite des kostbarsten Buchs? Auf der leeren Seite. Wenn eine Erzählung im Augenblick höchster Inspiration einer königlichen und kundigen Feder entfloß und in der allerfeinsten Tinte niedergeschrieben wurde – wo in der Welt gibt es dann etwas noch Tiefsinnigeres, Rührenderes, Lustigeres und Grausameres zu lesen? Auf der leeren Seite.» [384]

Einem Satanas schien die Autorin nicht zu dienen – gaben ihr doch *die großen Mächte* zu sagen, was aus dem «principle of omission» [385], dem Weg- und Offenlassen folgt: die Stimulation der Phantasie, der Initiative, des Selbstwertgefühls.

Und wie sich der mündige Leser nun anschickt, die Lakunen in *Letzte Erzählungen* zu füllen, sieht er die Krankenstube von Rungstedlund vor sich, da er von jenem Wunsch erfährt, auf dessen Erfüllung in *Nächtliches Gespräch in Kopenhagen* der Dichter Yorick hofft ... so, als sei er Karen Blixen:

Das Enden allen Schmerzes. [386]

Ein Fest fürs Leben

Aber das Leiden ging weiter.

Karen Blixen magerte unaufhaltsam ab. Sie wog jetzt siebzig Pfund. Und wenn sie Krämpfe bekam, krümmte sie sich auf den Dielen des Salons. Daß sie im März 1958 nach wochenlanger Bettlägerigkeit vor die Tür treten konnte, war ihrer Eckermännin Clara Selborn einen Eintrag ins Tagebuch wert.

Dennoch ließ sich die Erzählerin nicht unterkriegen. Wenn es eben sein mußte, diktierte sie am Boden liegend. Und sie machte Pläne. Sie wollte sich nicht brechen lassen. Sie besuchte den Photographen Richard Avedon im Hôtel d'Angleterre in Kopenhagen für eine Aufnahmession. Und als sie ein paar Kräfte angespart hatte, reiste sie nach Norddeutschland, wo sie von Lettow-Vorbeck zum letzten Mal sah und einer Mitarbeiterin der «Welt» in scheinbar alter Frische erklärte: *Ich gehöre nun einmal zu jenen Leuten, die lieber reiten als im Auto fahren, die lieber Diener haben als Komfort [...].*[387]

Doch die Zeit für Koketterien verrann. Und überhaupt: was nützte der Verzicht auf Heizung und Warmwasser – für Bäder wurde es mit Bottichen, Kübeln und Töpfen zur Wanne im Dachgeschoß hinaufgeschleppt –, wenn über dem genügsamen Leben die Substanz von Rungstedlund verfiel? Und später? Was würde aus alledem werden: dem Gebäude, dem Park? Den Geschichten?

Karen Blixen hatte ihr Haus zu bestellen.

Daher drängte sie die Erben, daß jeder mit ihr sein Teil in eine Stiftung einbringe – zunächst: um so das Anwesen als Ensemble zu bewahren, und dann: um das Copyright der Autorin mit einer leistungsfähigen Körperschaft verwalten zu können.

Die Gründung von «Rungstedlundfonden» regelte Karen Blixens materielle Anliegen; nun hieß es, in der Abrundung der ideellen fortzufahren: die zweite Note des Dreiklangs am Ende zu setzen – *Skæbne-Anekdoter (Schicksalsanekdoten)*[388].

Die Prozedur, nach der dies geschah, war dieselbe wie bei *Sidste Fortællinger.*

Karen Blixen 1957 mit ihrem Personal und seinen Angehörigen. Von links nach rechts, oben: Alfred Petersen, der Chauffeur; Caroline Carlsen, die Haushälterin, und ihr Vater; Mitte: Ulla Rask, die Stenotypistin, Karen Carlsen, Karen Blixen, Jenny Carlsen und Clara Selborn, die Sekretärin; vorn: Tove Berthelsen, Nils Carlsen und Annie Berthelsen, wie Tove eine Tochter des Gärtners.

Neuerlich wurde Bezug zu den frühesten Schriften genommen, diesmal zum Dichter Mira Jama aus *Die Träumer* in den *Sieben phantastischen Geschichten*[389]. «Andrézel» verbarg sich hinter einem Anagramm als *Elnazred*[390]. Und wieder fiel der Name des Hofnarren Yorick[391]. Alle geläufigen Motive, Metaphern und Mementos wurden in Reprise geboten. Es war, wie Louis Eugene Grandjean kürzlich schon bekrittelt hatte: «Gewiß, die Blixen hat, seit sie vor fünfzig Jahren debütierte, bis heute Erfahrungen gesammelt; doch sie hat sich nie verändert.»[392] Sie blieb die Künderin der Lehre, daß jedermann zu seiner Aufgabe berufen sei – wie sie, die sich als Megaphon des Logos darum mühte, *Geschichten zu erzählen zum Vergnügen der Welt und um sie ein wenig weiser zu machen*[393].

Dabei waren die Tempi mal getragen, mal gelöst. Für *Skæbne-Anekdoter* empfahl sich seit dem 8. Oktober 1958, dem Datum der Auslieferung, die Bezeichnung ‹allegro scherzoso›.

Nachdem Karen Blixen ihre fünfteilige Anthologie mit der Bagatelle *Der Taucher* eröffnet und abermals die Faustregel herausgestellt hatte, daß jegliches Streben das Erlangen verbürgt, begann sie, von Babette zu plaudern, der französischen Pétroleuse oder Brandschatzerin, die – wie Adolph Wilhelm Dinesen – dem Massaker an der Pariser Kommune entkommen war und nun auf den Krummwegen des allwaltenden Drahtziehers ins nördlichste Norwegen gesteuert wurde, nach Berlevaag.

Dort, im Nebel des Fjordes, lebte in pietistischem Sprengel eine kleine Sektengemeinde ... aschfahl, fromm und asketisch. Die beiden staubtrockenen Jungfern, bei denen Babette Aufnahme fand, hatten zwar zu Olims Zeiten jede einen Verehrer gehabt – der eine Sänger, der andere Soldat –, aber die Tage schneidiger Honneurs und anzüglicher Opernarien, «Là ci darem la mano», waren verdrängt und vergessen, «Reich mir die Hand, mein Leben» und Hackenschlag waren verschüttet unter einschläfernden Chorälen, dem faden Geschmack von Stockfisch und Suppe sowie der heimlichen Zwietracht der Leute.

Zwölf Jahre brachte Babette bei ihnen zu, zwölf miefgraue Jahre, bis sie kurz vor dem hundertsten Geburtstag des ehrwürdigen Propstes selig in ihrer Heimat Frankreich bei einer Zahlenlotterie zehntausend Francs gewann und sich erbot, zum Jubiläum des Patriarchen ein Festmahl auszurichten.

Und alsdann kochte sie, Babette Hersant, die Emigrantin, die einst in der Küche des Café Anglais in Paris gestanden hatte, und lehrte die Einödler, die Tunke, Wurst und Bier erwartet hatten, die Furcht vor einem *Hexensabbat*[394], bis das Diner begann. Ein Schiffsjunge spielte den Majordomus.

Als Babettes rothaariger Hausgeist die Tür zum Speisezimmer öffnete und die Gäste langsam die Schwelle überschritten, ließen sie die bisher verschlungenen Hände los und verstummten. Es war ein köstliches Verstum-

Stéphane Audran in der Hauptrolle des Films «Babettes Fest» von 1987 (neben ihr Bendt Rothe als der alte «Mann mit einem Schubkarren»). «Babette war in diesem Augenblick wie der Flaschenteufel im Märchen» ... hatten doch alle von ihr bestellten Waren in gutem Zustand das norwegische Berlevaag erreicht – sogar die französischen Wachteln, die die kluge Köchin hier im Käfig trägt.

men, und im Geiste hielten sie sich noch immer bei den Händen und sangen.

Babette hatte entlang der Mitte des Tischs eine Reihe Kerzen aufgestellt. Die Flämmchen glänzten wider auf den schwarzen Bratenröcken und Kleidern und auf der einen scharlachroten Uniform, und spiegelten sich in hellen feuchten Augen.[395]

Dann wurde aufgetischt. Amontillado und «Lady Curzon», «blinis Demidoff», ein 1860er Veuve Clicquot und «cailles en sarcophage», Trauben, Pfirsiche und frische Feigen. Und während die zwölf Brüder und Schwestern im Herrn an den Sherrygläsern nippten, die Schildkrötenbrühe probierten, die Kaviarplinsen zerteilten, den Duft genossen und das Aroma und sich die mit Wachteln gefüllten Pasteten auf der Zunge zergehen ließen, ja: beim Prickeln der Champagnerperlen kicherten, verklärten sich ihre Sinne, tat der Zauber Wirkung, und in kulinarischer Eucharistie offenbarte sich eine Herrlichkeit, die dem blassen Volk am Meer bis zur Stunde fremd war.

Was sich weiterhin an diesem Abend begab, läßt sich hier nicht mit Sicherheit berichten. Keiner von den Gästen hatte später noch eine klare Erinnerung daran. Sie wußten nur, die Zimmer waren erfüllt von einem Himmelslicht, als wären viele kleine Heiligenscheine zu einem mächtigen Strahlenschimmer verschmolzen. Stummgewordene alte Menschen wurden von neuem sprachbegabt; Ohren, seit Jahren beinahe taub, wurden aufgeschlossen für das Wort. Die Zeit sogar verschwamm und mischte sich mit Ewigkeit. Lang nach Mitternacht noch glänzten die Fenster des Hauses golden, und golden strömte Gesang hinaus in die Winterluft.[396]

Das Speisemirakel am Fjord ist die gastronomische Variante von Karen Blixens Sendungsbewußtsein. Schon 1924 hatte sie ihre Mutter belehrt: *Aber der größte Teil der Menschheit braucht Aufregung, einen leichten Rausch [...]. Ich selbst meine, wenn es in meiner Macht stünde, für die Menschheit zu tun, was immer ich wollte, dann würde ich ihr Spaß verschaffen.*[397] Und in einem Brief an Thomas Dinesen hatte sie in großer Seelennot 1931 erwogen, *ob ich in Paris ein oder zwei Jahre das Kochen lernen und dann vielleicht eine Stellung in einem Restaurant oder Hotel annehmen könnte*[398].

Alle diese Hilfsmittel zur Entgrenzung der beschränkenden Welt: die Lust, die Ekstase (und die Haute Cuisine) wurden jetzt, nach einem Menschenalter, von Babette eingesetzt, der Freischärlerin, der *Hexe*[399] und der *Künstlerin*[400] –, als hätte der Gevatter-in-Dionysos Nietzsche ihr den Leitspruch eingeflüstert: «Damit es Kunst giebt, damit es irgend ein ästhetisches Thun und Schauen giebt, dazu ist eine physiologische Vorbedingung unumgänglich: der R a u s c h .»[401]

Unkompliziert und auf den ersten Blick sympathisch hatte sich Babette, die nicht kleinzukriegende Verfechterin der Lebensfreude und der Freiheit, in den *Schicksalsanekdoten* an die Spitze einer Truppe von Ideenträgern gestellt, die mit alten Hüten Karen Blixens daherkam wie Malli, die in *Stürme* erst nach langem Kreuz und Quer ihre Sendung akzeptierte, oder Mister Clay, dem es in *Die unsterbliche Geschichte* nicht gelang, das Ressort der Träume in seine Geschäftssparten hineinzunehmen. Es waren in alternierenden Arrangements immer dieselben Sujets, so wie Claude Monet die japanische Brücke seines Parks in Giverny jahrzehntelang in verschiedenen Farben gemalt hat.

Schließlich wirkte Babettes Elan auch auf ihre Erfinderin und beflügelte sie, in die Tat umzusetzen, was sie seit dem U.S.A.-Erfolg der *Seven Gothic Tales* plante. *Ich habe,* hatte sie der «New York Times» vor kurzem erklärt, *schon mehrfach in die Staaten reisen wollen, aber dann kam ständig etwas dazwischen. Jetzt, wo ich nach einer schweren Operation das sichere Gefühl habe, bald zu sterben, sollte ich die Sache nicht noch weiter aufschieben.*[402]

Sie hatte vor, ihren amerikanischen Verleger zu besuchen, ihre Fans und Freunde drüben, und die Gegend um den Swamp Creek, in der sich

Karen Blixen, Ölgemälde von René Bouché (1959). Nachdem das Bildnis fertiggestellt war, brachte es der New Yorker Künstler 1961 persönlich nach Dänemark, um es dort einer öffentlichen Sammlung zu schenken. Auf Wunsch der Porträtierten hing es dann aber zunächst über dem Schreibpult in der «Ewalds Stube». Heute schmückt es einen der Ausstellungsräume in Rungstedlund.

ihr Vater vor hundert Jahren aufgehalten hatte. Ferner wollte sie das Land jenes Mannes studieren, dem sie seit 1954 eine erhebliche Vergrößerung ihres Ruhmes verdankte...

Ernest Hemingway war seit einer Safari im Juli 1934 mit Bror Blixen («Blix»[403]) befreundet und kannte daher dem Namen nach auch Karen Blixen, die er für eine Schwedin hielt und der er nie begegnet war. Als er 1954 auf seiner Finca Vigía in Kuba erfuhr, daß er den Nobelpreis erhalten sollte, scherzte er über die Meldung und nannte – mit Journalisten und Nachbarn einen trinkend – mehrere Autoren, welche die Auszeichnung genausogut verdient haben könnten wie er. Und dabei fiel der Name «Isak Dinesen»[404]. In etwas nüchternerer Verfassung erläuterte er später seinem Kameraden aus dem Zweiten Weltkrieg, Charles T. Lanham, Isak Dinesen sei «eine verdammt viel bessere Schriftstellerin als sämtliche Schweden»[405] – und im übrigen schmore ihr Mann in der Hölle und freue sich, «wenn ich was Nettes über seine Frau sage»[406].

Mit Hilfe der Medien und der Klappentextverfasser wurde der Daiquiri-beträufelte white hunter joke zu einer literarischen Qualitätsgarantie[407] – und für die nichtsahnende Karen Blixen zu einem unwiderstehlichen Lockruf.

Was auch immer kommen mochte: als sie am 4. Januar 1959 in New York – gestützt auf Tove Hvass, eine Cousine, und Clara Selborn – die Gangway des Transatlantik-Clippers hinabstieg, da war sie fest entschlossen, diese letzte Sensation zu Isak Dinesens highlight zu machen.

Reisen, Tanzen, Leben …!

Gegenüber dem Reporter Allen Jensen erklärte sie: *wenn ich die amerikanischen und dänischen Rezensionen meines ersten Buches vergleiche, muß ich unwillkürlich denken, daß man mich in Amerika viel besser verstanden und akzeptiert hat als in Dänemark. […] In meinem letzten Buch; «Schicksalsanekdoten», ist eine Geschichte, die ein dänischer Kritiker als Pornographie abgestempelt hat. In Amerika hat man offensichtlich eine freiere Einstellung zur Literatur.*[408]

… was dann auch den Rummel um sie förderte.

Karen Blixen wurde zu Talk-Shows gerufen – wo man sie als «darling» titulierte –, zu Filmaufnahmen und zu Konferenzen. Sie wurde in Colleges umdrängt und in Universitäten. «Hello and good-bye» in New York, Washington, Cambridge und in New York. Umzug aus dem Carlyle Hotel in den Cosmopolitan Club … bekannte Namen, unbekannte Namen … Opernsoireen, Konzerte, Ballette … und das, obwohl Clara Selborn schon zwei Tage nach der Ankunft in ihrem Kalender notiert hatte: «Baronesse am Vormittag unwohl.»[409]

Doch Karen Blixen war unersättlich. *Reisen, Tanzen, Leben …* Sie traf sich mit dem Komponisten Samuel Barber, dem Zeichner Ivan Opffer, dem Pianisten Eugene Haynes, dem Photographen Cecil Beaton, den Schriftstellern Truman Capote, Pearl S. Buck und E. E. Cummings, dem Maler René Bouché … traute Gesichter, fremde Gesichter … Verpflichtungen und Einladungen … «Tania mehr tot als lebendig.»[410]

Am 28. Januar sprach sie in «The American Academy and National Institute of Arts and Letters» über *Die Mottos meines Lebens* und beschwor bereits ihr Andenken: *in einem guten Theaterstück heißt die Bühne verlassen nicht: ganz verschwinden – selbst wenn eine Person zum letztenmal hinausgegangen ist, dann ist sie noch immer ein Teil des Stücks.*[411]

Vorerst freilich spielte sie weiter. Fieberhaft. Manisch.

Beim Dinner nach dem Vortrag in der «Academy» hatte sie nebenbei den Wunsch geäußert, einmal Marilyn Monroe zu treffen; und da deren Mann, Arthur Miller, am Nachbartisch saß, verabredete man sich für den 5. Februar zum Essen im Haus der gemeinsamen Freundin Carson McCullers in Nyack-on-Hudson.

Es wurde keine Sternstunde des Abendlandes, nicht «der größte Knüller»[412]: die Frauen konversierten übers Makkaronikochen. Aber Karen Blixen, einen unwiderstehlichen Strumpf auf dem Kopf und eine gigantische Henkeltasche an der Hand, strahlte. Auch hier war sie im Mittelpunkt. Sie behexte intime Geselligkeiten ebenso wie ausverkaufte Vortragssäle.

Am 5. Februar 1959 trafen sich Arthur Miller, Marilyn Monroe und Karen Blixen auf Einladung von Carson McCullers in deren Villa in Nyack-on-Hudson. Daß der Lunch damit geendet habe, daß der Vamp und die «Hexe» auf den Tischen tanzten, war ein Gerücht der yellow press – doch wie kaum ein andermal gilt in diesem Fall der Satz: «Se non è vero, è molto ben trovato.»

Und stets erzählte sie in freier Rede ein paar *Tales*.

Glenway Wescott hörte ihren Vortrag in der «Young Men's Hebrew Association»: «Als sie dort das Podium betrat, sehr langsam und am Arm eines jungen Dichters namens William Jay Smith, hielt sie plötzlich inne, wandte sich zur Seite und reckte – zum Zeichen der Begrüßung des Auditoriums im Parkett und auf den Stehplätzen – mit einer einzigartigen Gebärde ihre knöchrige Rechte in die Höhe – wie ein Jäger, der seiner dahinsprengenden Meute ein Signal gibt, oder ein Mime in der Rolle des Prospero, der diesen oder jenen Luftgeist in die Wirklichkeit herbeiruft oder vielleicht aus ihr fortweist – und spontan erhoben wir uns und applaudierten.»[413]

Alsbald brach sie zusammen. Die Ärzte erklärten ihren Zustand für bedrohlich. Doch sie ließ sich nicht belehren. Sie diktierte vom Bett aus Artikel, hing fortwährend am Telefon, empfing Besuche, Telegramme und Blumen. Und nach zehn Tagen war die «Lioness Blixen» wieder die Partylöwin von New York.

Small talk, Austern. Totentanz.

Kehraus

Als Karen Blixen am 18. April 1959 – mit derselben Kapuze und derselben Tasche wie beim Lunch in Nyack-on-Hudson – auf dem Flughafen Kastrup aus ihrer SAS-Maschine stieg, stockend und bei Helfern eingehakt, eine filigrane Aubrey-Beardsley-Gestalt, wog sie sechzig Pfund. Fortan konnte sie sich oft nicht einmal selbst ankleiden. Und mitunter mußte sie Clara Selborn bitten, sie von einem Zimmer ins andere zu tragen.

Auch zum Ausspinnen neuer Geschichten besaß sie nicht mehr die Kraft. Zumal ihr nun die Ruhe fehlte. Die Renovierung von Rungstedlund hatte begonnen, und Karen Blixen wurde in die Fischerkate ausquartiert, die Clara Selborn in Dragør besaß, südlich von Kopenhagen. Dort kam es im August 1960 zu einem weiteren Kollaps. Und als Karen Blixen im Oktober aus dem Klinikum entlassen wurde, war absehbar, daß sie keines ihrer works-in-progress jemals fertigstellen würde.

Den Kolossalroman *Albondocani,* eine wie «Tausendundeine Nacht» in sich verflochtene Folge von Erzählungen, hatte sie bereits 1956 aufgegeben und für *Sidste Fortællinger* ausgeschlachtet. Und obwohl sie, last but not least, dem Londoner Verlag Michael Joseph 1960 einen umfänglichen Reader mit ihren Kleinen Schriften zusammenstellen sollte, war sie gezwungen, sich auf eine schmale Auswahl zu beschränken.

So redigierte sie vier schon veröffentlichte oder in den Schubladen liegende Erinnerungen an ihre Zeit in Afrika und fügte sie unter dem Titel *Shadows on the Grass* [414] aneinander, *Schatten wandern übers Gras.*

Es war die dritte Note im Schlußakkord des Großen Rondos. Nachdem Karen Blixen zuvor in *Letzte Erzählungen* ihr Mandat und dann in *Schicksalsanekdoten* ihre Funktion als Künstlerin reflektiert hatte und nachdem sie dabei mit ihrer vita contemplativa befaßt war, wollte sie jetzt, in *Schatten wandern übers Gras,* ihre vita activa vorüberziehen lassen.

Sie erzählte von dem somalischen Faktotum Farah Aden, von ihrer ärztlichen Betreuung der Schwarzen und – in einem konfusen Aufsatz – vom Leben auf M'bogani.

Die Überschrift dieses Essays, *Echo von den Bergen* [415], ist ein Zitat aus der Chamäleon-Szene in *Out of Africa* und als solches ein Verweis, der

Karen Blixen und Clara Selborn am Ende der fünfziger Jahre bei der Arbeit. 1944 war die Gehilfin – damals noch Clara «Svendsen» – als Köchin eingestellt worden. Da sich aber schnell erwies, daß ihr sprachliches Vermögen größer war als ihr gastronomisches, schlüpfte sie erst in die Rolle der Sekretärin, dann in die der Übersetzerin und schließlich in die des «literary executor».

am Ende auch *Schatten wandern übers Gras* inhaltlich wie formal auf die Abschiedstriade abstimmt. Diese gibt den Grundton an, der die Elemente des Gesamtwerks – seine Requisiten, Figuren und Themen – in eine ausgewogene Bezogenheit zueinander bringt: in eine Harmonie.

Auch *Schatten wandern übers Gras* kennt deswegen Hiob, die Mahnung zur Annahme des Schicksals, die These der göttlichen Inspiration und obendrein den feudalen Tenor – so, wenn vom Urbild des Dieners gesagt wird: *Er braucht einen Herrn, um er selbst zu sein.*[416] Das ist als logisches Argument eine Platitüde und als soziologische Feststellung von derselben Ungeheuerlichkeit wie die Bemerkung, die ersten Siedler in Kenia hätten die Eingeborenen, deren Fluren sie eben parzellierten, ‹akzeptiert›. *Selber ungezähmt, mit frischen Herzen, vermochten sie ein Verhältnis der Kameradschaft von der Art des Wildtöters und Chingachgooks mit dem gleichfalls ungezähmten dunkelhäutigen Nomaden und Jäger herzustellen.*[417]

Karen Blixen hatte die symbiotische Interaktion zwischen Herr und Diener schon in den *Wintergeschichten* zum Thema der Erzählung *Die unbezwingbaren Sklavenhalter* gemacht. Freilich: was dort als Versuchsanordnung für ein psychologisches Experiment taugte, ist hier degoutant, weil es die Armierung kolonialistischer Machtstrukturen bezweckt.

Nur einer der vier Texte in *Schatten wandern übers Gras* erreicht die Dichte von *Out of Africa*: jener, den die Autorin in den U.S.A. vorzutragen pflegte, *Barua a Soldani*.

Die Geschichte nimmt ihren Ausgang am Morgen des 1. Januar 1928, als Karen Blixen einen ungewöhnlich prachtvollen Löwen geschossen hatte.[418] Denys Finch Hatton und Kanuthia, sein Chauffeur, häuteten den Kadaver ab, und Karen Blixen ließ das Fell bei ihrer nächsten Reise nach Europa in London präparieren. Dann schenkte sie es dem dänischen König.

Das Dankesbillett Christians X. erreichte sie, als sie wieder in Afrika war, und sie steckte es achtlos in die Arbeitshose. Wie hätte sie vorauswissen können, daß das unscheinbare Papier irgendwann zu einem Fetisch werden sollte?

Seit dem Tag jedoch, an dem sie einem verletzten Kikuyu nicht anders zu helfen wußte als durch das Auflegen dieses «Barua a Soldani», dieses «Briefes vom König», und seit der danach rasch eintretenden Genesung des Patienten galten die Blixenschen Kompressen als probates Heilmittel gegen schwere Leiden (und das war alles jenseits von Zahnweh).

Den Brief vom König habe ich noch. Er ist aber, bedauerte die greise Schamanin 1960, *unleserlich geworden, braun und steif von Blut und undefinierbarem Zeug aus alter Zeit.*[419]

Und symbolfreudig setzte sie hinzu:

Es ist darin, in Papier und Blut, ein Bund unterzeichnet zwischen Europäern und Afrikanern – und schwerlich möchte es geschehen, daß noch einmal ein ähnliches Dokument solcher Beziehung kann aufgezeichnet werden.[420]

Viel erfährt der Leser über die Mentalität der Schwarzen; und das Pathos der Solidarität mit ihnen ist ergreifend.

Aber erst die Unbestechlichkeit der Historie gab *Barua a Soldani* die entscheidende Pointe. Denn nachdem Karen Blixen noch am 1. November 1960 gegenüber dem Literaturwissenschaftler Robert Langbaum beteuert hatte, alles, was in *Schatten wandern übers Gras* geschrieben ist, sei

Die Danksagung Christians X. vom 23. Dezember 1930, der «Barua a Soldani». «Das Blut auf meinem Blatt Papier hat nichts Stolzes, nichts Erhebendes. Es ist das Blut eines stummen Volkes. Die Schrift darauf aber ist und bleibt die Schrift eines Königs – *mokone yake*. Keine Ode wird über meinen Brief geschrieben werden, und doch ist er, glaube ich, heute schon Geschichte [...].»

absolut korrekt[421], stellte sich 1969 heraus, daß auch diese Mitteilung ein Ausfluß künstlerischer Freiheit war. Auf Rungstedlund nämlich hatte man den Brief des dänischen Königs im Original hervorgekramt: einen Bogen Papier, der die Zeitläufte unbeschadet überstanden hatte und so frisch daherkam, als hätte er eben die Residenz Christians X., das Palais Levetzau, in Amalienborg verlassen.[422]

Ein letztes Mal war es Karen Blixen gelungen, die Wirklichkeit nach ihrem Willen umzugestalten und das Publikum mit ihrer Wahrheit zu verzaubern – so sehr, daß später die Frage aufgeworfen wurde, ob es nicht ratsamer gewesen wäre, «man hätte den Brief vernichtet»[423].

Die Hexe hatte ein letztes Mal ihr Gleisnerspiel betrieben.

Die Marionettenkomödie, in der sie nunmehr seit fünfundsiebzig Jahren auftrat, sah keine Doppelbesetzung mehr vor.

Was ihr blieb, war im Schlußakt nur der Part des Hiob.

Zusätzlich zu ihren chronischen Gebrechen litt Karen Blixen unterdessen an einer Hornhautentzündung auf einem Auge, hatte Zahnprobleme, und als sie Anfang Januar 1961 im Badezimmer ihres Hauses stürzte, brach sie sich eine Rippe.

Sie begann, ihre Gäste zu fragen, ob sie schon die Stelle bei der mächtigen Buche oben auf der «Ewaldshöhe» aufgesucht hätten, an der sie in Bälde beigesetzt würde.

Sie konnte keine festen Speisen zu sich nehmen und ernährte sich von Kaviar und Champagner oder Gemüsesäften und Gelée Royale. Doch als das Magazin «Life» in Unkenntnis ihres konkreten Gesundheitszustandes anfragte, ob sie nicht aus Kenia über die politische Lage dort berichten möchte, freute sie sich. *Kenia und meine Beziehung zu den Eingeborenen haben mir so viel bedeutet, daß ich meine, es würde mein ganzes Dasein wunderbar und harmonisch abrunden, wenn ich noch einmal, wenn auch nur für kurze Zeit, das alles von Angesicht zu Angesicht sehen könnte.*[424]

Es war, als hätte sie mit dem Schicksal gefeilscht. Denn nachdem sie eingesehen hatte, daß sie zu einer großen Reise nach Afrika nicht mehr imstande war, unternahm sie statt dessen im Sommer 1961 eine kleine nach Paris. Und lange noch beklagte es einer ihrer Bewunderer, Erling Schroeder, daß er ihr nicht jenen sehnlichsten Wunsch erfüllt hatte: sie auf dem Sozius seiner Vespa «die Champs Elysée rauf- und runterzufahren»[425].

Welche Ewigkeit war es her, daß sie von Rungstedlund nach Paris geflohen war? … *Alles im Leben ist mir lieber, als Schriftstellerin zu sein – Reisen, Tanzen, Leben, die Freiheit, Bilder zu malen.* … Wie weit lag das zurück?

Jetzt, in ständiger Todeserwartung, suchte sie Geborgenheit in Rungstedlund. Und sie sollte es nie mehr verlassen.

Wer sie sehen wollte, mußte an den Öresund kommen – wie Aldous Huxley oder René Bouché. Auch der Schauspieler John Gielgud besuchte sie. «Dann, bevor ich sie verließ, ging sie mit mir durch ihren herbstlichen Park, wobei sie sich schwer auf meinen Arm stützte. ‹Dort will ich einmal begraben werden›, sagte sie und wies zur Kuppe einer An-

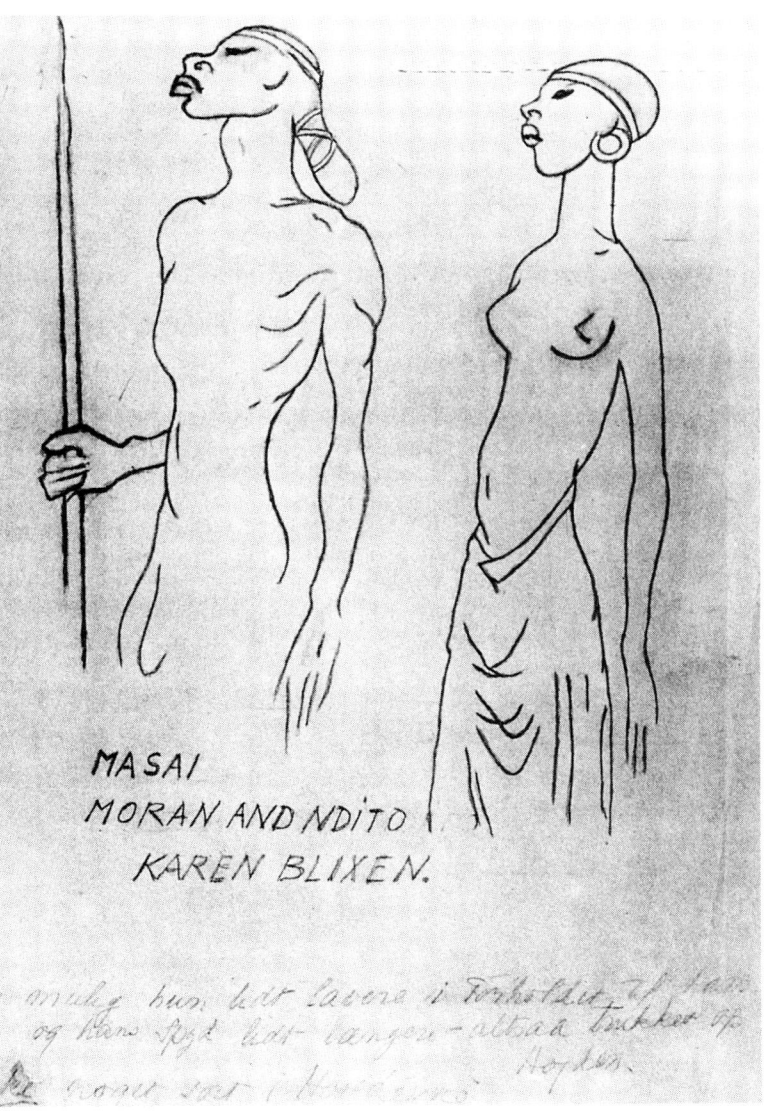

MASAI
MORAN AND NDITO
KAREN BLIXEN.

«Masai. Moran and Ndito», 1960. Die Skizze des jungen Kriegers (moran) und der jungen Frau (n'dito) ist eines der letzten Bilder von der Hand Karen Blixens. In seiner graphischen Strenge weicht es erheblich ab von ihren früheren verspielten Arbeiten und belegt bei der Künstlerin auf zeichnerischem Gebiet einen Stilwandel, den es auf sprachlichem bei der Autorin nie gegeben hat.

höhe empor, ‹aber ich darf dem Pfarrer nicht verraten, daß mein Hund schon da liegt. Ich bin sicher, der gute Mann würde daran Anstoß nehmen.›»[426]

Zuweilen schrieb sie ein wenig, oder sie diktierte Clara Selborn, der geduldigen Seele, einige Zeilen: einen Entwurf, eine Abänderung. Sie webte an alten Stoffen ...

Am Schluß rief sie noch einmal den Chef des Marionettentheaters aus ihrem *Albondocani*-Fragment in *Letzte Erzählungen* auf den Plan, Pipistrello, der seinem Idol Lord Byron begegnet und dabei das Glück und die Last seiner Existenz überdenkt. Als Künstler, so sagt er, habe er von dem Moment an, da er seine Rolle akzeptierte, jedweden Anspruch auf ein gewöhnliches Menschenleben verscherzt. *Die Harmonie darin war von da an die Harmonie in einer Geschichte.*[427]

Doch nun verklang sie.

Als Cecil Beaton, ihr Photograph, der «auf einen kurzen Drink»[428] nach Rungstedlund gekommen war, sich verabschiedet hatte und auf den Strandvej hinausbog, sah er Karen Blixen in der Haustür stehen, ein graues Skelett. «Ich spürte, daß sie nicht mehr lange leben würde. Und mit einem letzten wehmütigen Blick schaute ich zurück, während ihre schmächtige Gestalt mir allmählich für immer entschwand.»[429]

Am Sonntag, dem 2. September 1962, nahm sie Abschied von ihrem Freund und Ratgeber, dem Architekten Steen Eiler Rasmussen. Sie habe nichts mehr zu verrichten und sei die letzten Jahre dankbar gewesen für jeden Tag, der ihr auf Rungstedlund vergönnt war.

Am Donnerstag versagte ihr die Stimme. Und in der Nacht zum Freitag verlor sie das Bewußtsein.

Karen Blixen starb am 7. September 1962.

«Ihr Lächeln», notierte Cecil Beaton nach seinem Besuch bei Karen Blixen im August 1962, «war grotesk. Zuweilen sah sie aus wie eine Krähe. Doch in Wirklichkeit war sie schön; und hingerissen ergriff ich die Gelegenheit beim Schopfe, ihre Erscheinung in einem Foto festzuhalten. ‹So, und jetzt müssen wir anstoßen, Cecil.›»

Penisneid und Pyramiden

Die Beerdigung fand am 11. September 1962 statt. Thomas Dinesen rezitierte Karen Blixens Gedicht *Schwingen*. Hierauf sang Inger Lüttichau Schuberts Vertonung von Ludwig Uhlands «Frühlingsglaube» (1812). Und danach zogen zwei Arbeitspferde den mit dem Danebrog, der dänischen Flagge, bedeckten Sarg auf einem flachen Wagen zur «Ewaldshöhe», wo die *Atheistin* nach christlichem Ritus beigesetzt wurde.

Wie so vieles in den Äußerungen der Autorin zeugte zuletzt noch der Wunsch, an ihrem Begräbnis auf die Wendekraft des Lenzes zu verweisen, von prophetischer Gabe. Denn sollte jenes Säuseln-und-weben-Tag-und-Nacht, jenes Schaffen-an-allen-Enden, jener neue Klang, den Ludwig Uhland berief, nicht bald auch Karen Blixens Korpus erfassen?

An der Unverblümtheit August Strindbergs geschult schrieb der schwedische Kulturkritiker Jan Myrdal einmal: «Die etablierte Gesellschaft hat schon immer mit Leichen gut umzugehen verstanden. Sie werden ja auch so geschmeidig, nachdem die erste Starre sich gegeben hat. Man kann die großen Toten zurechtkneten, bis sie jede geeignete Form ausfüllen.»[430]

Karen Blixen war davon nicht ausgenommen – zumal ihr Werk in einer Periode des Paradigmenwechsels abgeschlossen wurde und alle Fragen nach seiner hermeneutischen Substanz längst beantwortet schienen.

1968, als der Däne Aage Kabell eine akribische biographische und komparatistische Studie zur Poetik Karen Blixens publizieren wollte, gelang es ihm nicht mehr, für so etwas in seinem Land einen Verlag zu erwärmen. Deshalb ließ er auf eigene Kosten ein Bruchstück des Ganzen, «Karen Blixen debuterer» («Karen Blixen debütiert»)[431], in der Bundesrepublik drucken. Aber nachdem es dort von seiner Heimat aus kaum beachtet wurde, gab er die Beschäftigung mit dem Thema auf.

«1968» war nicht die Zeit für theorieferne Philologie, für den stillen Kult des Genauen, für Fußnoten-Äquilibristik – jetzt galt es, die Brauchbarkeit von Texten für die politische Arena zu prüfen.

So machte sich Finn Stein Larsen 1971 daran nachzuweisen, daß sich

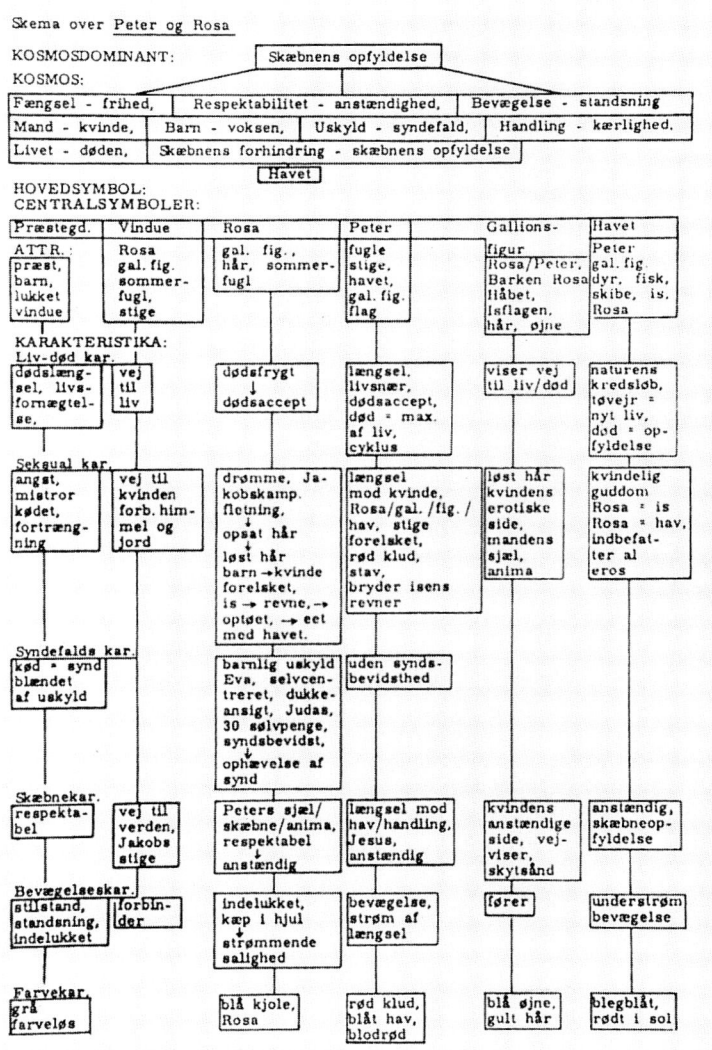

In den sechziger Jahren wurde es Mode, Texte Karen Blixens mit Hilfe von Kurven, Kreisen, Kästchen zu erläutern. Dabei konnten bloße Dreiecke durchaus zu «Pyramiden» werden: ging es doch darum zu zeigen, was niemand bisher ausgemacht hatte. – Dieses Schema in einer «symbolhierarchischen Analyse» von 1972 soll das Verständnis der Novelle «Peter und Rosa» erleichtern.

in der Eröffnung von *Leidacker* unter der semantischen Oberfläche eine Zeichenstruktur befindet, die auf das gesellschaftliche Bewußtsein der Autorin hindeutet.

Karen Blixen hatte einen Weiler in Dänemark beschrieben:

Ein Kind dieses Landes würde in dieser offenen Landschaft wie in einem Buche lesen können. Das unregelmäßige Mosaik aus Wiesen und Weizenfeldern war ein Abbild, in zagem Gelb und Grün, vom Kampf dieser Menschen um ihr täglich Brot; die Jahrhunderte hatten sie gelehrt, auf diese Weise zu pflügen und zu säen. Auf einer Anhöhe in der Ferne umrissen die reglosen Flügel einer Windmühle, in einem kleinen blauen Kreuz gegen den Himmel, ein späteres Stadium im Werdegang des Brotes. Die verschwommenen Konturen reetgedeckter Dächer – niedrige, braune Früchte der Erde –, wo die Hütten des Dorfes sich zusammendrängten, erzählten die Geschichte des Bauern, von der Wiege bis zum Grab, des Geschöpfes, welches der Erde am nächsten ist und abhängig von ihr, welches in einem fruchtbaren Jahr gedeiht und in den Jahren der Dürre und Plagen stirbt.

Ein wenig höher gelegen, umringt von der schwachen waagrechten Linie der weißen Friedhofsmauer und flankiert von den senkrechten Konturen hoher Pappeln, verkündete die Kirche mit dem roten Dach, so weit das Auge reichte, daß dies ein christliches Land war. Die Landeskinder kannten sie als ein merkwürdiges Haus, das nur an jedem siebten Tag einige wenige Stunden bewohnt war, in dem aber eine starke, klare Stimme ertönte und die Freuden und Leiden des Landes kundtat: eine schlichte, kantige Verkörperung des Volksglaubens in die Gerechtigkeit und Barmherzigkeit des Himmels. Dort drüben aber, wo inmitten kuppelförmiger Baumgruppen und Haine die stolze, pyramidenförmige Silhouette gestutzter Lindenalleen sich in die Luft erhob, dort lag ein Herrensitz.

Der Einheimische konnte in diesen eleganten, geometrischen Zeichen auf dem diesigen Blau vieles lesen.[432]

Larsen hatte aus dem nachgerade kubistisch anmutenden Um- und Über- und Gegeneinander von Krümmungen und Fluchten einen Hinweis Karen Blixens auf «die Bedeutung der pyramidalen Struktur für die Gesellschaft»[433] abgelesen: ein topographisches Vorzeichen für das in der Erzählung sich anbahnende Aufeinanderprallen der liberalen Gedanken des jungen Adam und der feudalen Gesinnung des alten Barons – und damit die Autorin allen denen anempfohlen, die individuelle Konflikte als soziale definieren und für diese Anschauung literarische Referenzen suchen, um so bestärkt in die politische Auseinandersetzung eingreifen zu können.

Schon ein Jahr später – 1972 – sollte sich zeigen, wer an solcher Zweckbindung der Werke Karen Blixens am brennendsten interessiert war.

Nachdem die achtundzwanzigjährige Marxistin Susanne Fabricius – im Rekurs auf unter anderem Germaine Greers «Der weibliche Eunuch. Aufruf zur Befreiung der Frau» (1970) – bei der Lektüre der Blixenschen

Geschichten eine «erbitterte Klage gegen das Männergeschlecht»[434] sowie eine warme Sympathie für die streitbare Göttin Artemis/Diana ausgemacht hatte, die den Lüstling Aktaion von seinen eigenen Bluthunden zerfleischen ließ, formulierte auch sie ein Manifest:

«Karen Blixens Schriftstellerei enthält eine lange Abfolge von Vorstößen gegen jene Normen und Konventionen, die uns knebeln und lähmen und vorwiegend auf das Verhältnis zwischen den Geschlechtern abgestellt sind. Daß sie die sexuelle Unterdrückung der Frau nicht im Zusammenhang mit deren ökonomischer Unfreiheit und der allgemeinen Unterdrückung in der Gesellschaft zu sehen vermochte, ist zwar ein Fehler, kann aber niemanden verwundern, besonders niemanden, der des Menschen Bewußtsein im Lichte seiner gesellschaftlichen Befindlichkeit betrachtet.

Laßt uns daher – ehe wir uns über das empören, was Karen Blixen nicht getan hat – sie an jenem Punkt benutzen, wo sie wirklich etwas geleistet hat!»[435]

Nach dieser Direktive wurde jede Debatte, ob tiefere Einsicht in das Werk Karen Blixens, ein noch genaueres Erfassen und Verstehen, etwa mit Hilfe pneumatologischer oder schamanistischer, linguistischer oder rationalitätskritischer Forschung möglich sei, vom feministischen Diskurs überlagert.

Mit einer einzigen Ausnahme (die er selbst geliefert hatte) waren, wie Anders Westenholz 1985 festgestellt hat, alle seit dem Beginn dieses Jahrzehnts vorgelegten größeren Arbeiten über die Autorin unter der Federführung von Frauen entstanden: «deren Anliegen war es zu zeigen, daß Karen Blixen eine Frau war, die für Frauen über Frauen und die Belange von Frauen schrieb»[436].

Auch wenn diese Dominanz seither ein wenig zurückgedrängt wurde, haben die Benutzerinnen jenes Punktes, an dem Karen Blixen «wirklich etwas geleistet hat», die Dichterin alsbald zu einer Heroine der Frauenbewegung gemacht: zur einsamen Amazone im kenianischen Hochland, die – da sie dem Männerwirken unterlag – Geschichten schrieb und auf Revanche sann.

In einer Abhandlung mit dem Titel «Dianas Hævn» («Dianas Rache») hieß es über Karen Blixen: «Ihre Erzählungen sind voll von Groll und Vergeltung [had og hævn] – wiewohl diese Regungen immer als beißende Ironie oder als phantastische Groteske in Erscheinung treten –, und zwar zuvörderst gegen die Vätergeneration und dann gegen die Männer im allgemeinen und deren Meinung, daß die Aufgabe der Frauen in diesem Leben erfüllt ist, wenn sie verkörpern, was die Männer brauchen.»[437]

Da jene Aufgabe nach Überzeugung der Feministinnen primär in der geschlechtlichen Befriedigung des Mannes liegt, waren sie sich darin einig, aus welcher Richtung die Forschung nun schwesterliche Signale Karen Blixens aufzufangen hatte.

Nicht ohne Grund schien die Autorin unbefangen in eroticis: Entkleidungsszenen wie in *Der alte, wandernde Ritter* sind Leitmotive ihres Œuvres. Und daß sich ihre Zeichensprache als sexuell besetzt verstehen ließ, hatte Ida Zeruneith bereits 1977 durchblicken lassen: war es ihr doch «naheliegend»[438], mit der Lindenstraße des Herrensitzes aus *Leidacker* eine Vagina und mit dem Spaziergang des Neffen in der Allee einen Beischlaf zu verknüpfen.

Spätestens durch diese Adnote war die psychoanalytische Symbolforschung herausgefordert, die auch unverzüglich nach der klassischen Formel: «Alle in die Länge reichenden Objekte [...] wollen das männliche Glied vertreten»[439], zünftige Gleichungen aufstellte.

So unterstrich die niederländische Freudianerin Annelies van Hees, daß der Beruf Karen Blixens (die ihr Lebtag eine «Corona»-Schreibmaschine benutzte) den Federhalter bedingt, «der als ein phallisches Symbol zu deuten ist»[440]. Da sich die Autorin außerdem als «Hexe» einbrachte, derartig gekennzeichnete Wesen aber in den stories dann und wann «phallische lange Nasen»[441] besitzen, verkörpern sie den Typus jener Frauen, die ihre Geschlechtlichkeit nicht akzeptiert haben, sich vor Penisneid verzehren und gestalterisch den Mann imitieren. Erst wenn sie ihre wiederum «phallisch»[442] und darum männlich definierte Kreativität nicht zur Kompensation für das vermißte membrum virile betreiben, sondern als Äußerung einer komplementären Seite des weiblichen Egos bejahen, werden sie sich mit ihrer Sexualität identifizieren können.

Diese gewitzte Befreiung aus einer argumentativen Bredouille machte es leicht, die Spötteleien über Suffragetten in *Der alte, wandernde Ritter* und *Der Affe*, *Die Straßen um Pisa* und *Eine Festrede am Lagerfeuer*[443] zu relativieren. Sie waren von der femininen Psyche internalisierte Rudimente eines maskulinen Standards: nicht abzuschütteln und entschuldbar – mehr noch: als Stimulus zur Erzeugung einer innertextlichen Spannung sogar zu begrüßen.

Endlich vermochte Women's Lib, Karen Blixen ohne jeden Vorbehalt zu einer der Ihren zu machen.

Finn Stein Larsen hatte der Kandidatin gesellschaftliches Bewußtsein bescheinigt. Susanne Fabricius hatte es mit frauenrechtlicher Kampfbereitschaft genauer bestimmt. Und Annelies van Hees hatte die notwendige Tauglichkeit beurkundet.

Da war es an der Zeit, den feministischen Aktivismus Karen Blixens in den Geschichten zu belegen, was insofern heikel war, als sich außer Bemerkungen, daß die Emanzipation bei ihrem Aufkommen nicht *sonderlich tief in die menschliche Gesellschaft einschnitt*[444], daß eines Tages das Weiberregiment *die Erde für den Mann unbewohnbar macht*[445] und Gott allein wissen mag, *was über die Generation von Frauen gekommen ist, die nach der Französischen Revolution geboren wurden*[446], expressis verbis keine Aussage zum Thema vorliegt.

Deshalb wurde die Dänin als Streiterin präsentiert, deren Schwert das Schweigen ist. Denn birgt nicht etwa das Ungesagte sämtliches Wort, so wie das Weiß alle Farben enthält?

Mit dieser Analogie hatte die amerikanische Komparatistin Susan Gubar 1981 jedwedem Redstocking eine Blankovollmacht erteilt, wo nichts ist, herauszufinden, was frau erkennen möchte.

Und welche der Novellen Karen Blixens eignet sich für solchen Winkelzug besser als *Die leere Seite*?

Karen Blixen hatte an die Schaulustigen vor dem weißen bräutlichen Laken in der Galerie der Bragança appelliert:

«Ich bitte euch, ihr guten Leute, die ihr euch gern Geschichten erzählen laßt: Betrachtet diese leere Seite und erkennt die Weisheit meiner Großmutter und aller alten, geschichtenerzählenden Frauen!

Denn mit welch ewiger und unbeirrbarer Treue ist dieses Leintuch in die Reihe eingefügt worden! Die Geschichtenerzählerinnen selbst verhüllen bei seinem Anblick die Gesichter und werden sprachlos. Denn der königliche Herr Papa und die königliche Frau Mama, die einst dies Stück Leinwand einrahmen und aufhängen ließen, wären vielleicht, hätten sie nicht von alters her diese unbedingte Treue im Blut gehabt, in Versuchung gekommen, es wegzulassen.

Vor diesem Stück reinweißen Leinens sind die einstigen Prinzessinnen von Portugal – lebenskluge, pflichtbewußte, leidensgewohnte Königinnen, Ehefrauen und Mütter – wie auch ihre einstigen adeligen Gespielinnen, Brautjungfern und Hofdamen am häufigsten stehengeblieben.

Vor der leeren Seite versinken alte und junge Nonnen, einschließlich der Mutter Äbtissin selber, in tiefstes Nachdenken.»[447]

Nicht mehr eine Quelle des Sich-Wunderns, nicht mehr ein Born der Phantasie und nicht mehr ein Ursprung der Epik war diese Geschichte laut Susan Gubar, sondern ein literarisches Monument feministischer Verweigerung und Militanz. «Kein Signum der Unschuld oder der Keuschheit oder der Passivität – nein, diese leere Seite ist ein mysteriöser, aber durchschlagender Akt der Widersetzlichkeit.»[448]

Wo politischer Eifer Symbolen jenen Sinn verlieh, der ihnen nachher abgewonnen wurde, konnte aus der Stille auch das Zu-den-Waffen! einer Frauenrechtlerin klingen.

So wurde Karen Blixen, die gemäß ihrer holistischen Weltsicht jeglichen Dualismus verneinte, im Kampf der Geschlechter 1981 als klitorisbewußte Parteigängerin wider den Phallos exponiert, deren Bücher feministische Anliegen in einer androzentrischen Welt «brillant antizipierten»[449].

Und dies, nachdem sie selbst in einer Ansprache zur Frauenfrage betont hatte, *daß das eine Materie ist, von der ich nichts verstehe und mit der ich mich niemals aus eigenem Antrieb beschäftigt habe*[450].

Tut nichts, die Leiche wird zurechtgeknetet!

Karen Blixen Superstar

Ehe aber das Werk Karen Blixens allzudicht mit den elfenbeinernen Wehrtürmen des Feminismus umstellt war, wurde es 1982 durch die knapp fünfhundert Seiten starke Biographie der New Yorkerin Judith Thurman für jedermann zurückgewonnen. Frei von Schablonisierung hatte die Verfasserin das Leben ihrer Heldin aus der Sphäre von Maske, Mythos und Marxismus auf den Boden des Allgemeinmenschlichen geholt. Da warb noch der absurdeste Fehler für die Bücher Karen Blixens.

Wo die Vierundzwanzigjährige zum Beispiel handschriftlich gebeichtet hatte, sie habe sich einstens verstohlen aus dem Haus geschlichen, *um den Festzug zu sehen*[451], konnte Judith Thurman das dänische Wort für solch einen Aufmarsch, *Folketoget,* nicht entziffern. Sie las es als «Tolhetzer»[452], erklärte die Buchstabenfolge zu einem Namen und spann um diesen herum eine Liebesverschwörung. (Besucht hatte Tanne ein Defilee zum Gedenken an die Blockade Kopenhagens anno 1659.)

Nachdem damit auch die jüngste Interpretin zur romancière der Dichterin geworden war, entstand jener Film, in dem Karen Dinesen – nach einer Begegnung mit Denys Finch Hatton – auf der Rasenfläche des Muthaiga Clubs in Nairobi vor fünfzig Gästen Bror Baron von Blixen-Finecke ihr Jawort gibt.

Sydney Pollacks nonchalante Adaption von *Out of Africa,* dies zweieinhalbstündige Sinnenbad in Dolby Stereo bei überwältigender Landschaftstotale, Sonnenauf- und -untergängen, in weichzeichnender Love-Story-Gefühligkeit bei Mozarts Klarinettenkonzert, machte Karen Blixen im Jahr der Feier ihres hundertsten Geburtstags zum internationalen shooting star.

Es kann gut sein, hatte sie in *Sandhedens Hævn* durch den Mund Amianes verkündet, *daß ich zurückkomme – aber nicht in diesem Schwank.*[453]

Doch der Spielplan war voller Possen und Farcen und Melodramen, die mit der Fee besetzt werden mußten. Deshalb wurde sie als «Meryl Streep» reaktiviert und gab neben Robert Redford, dem blonden «Lohengrin aus dem Wilden Westen»[454], eine Hybride «zwischen Mutter Teresa und Kameliendame»[455].

Elisabeth Albertsen schrieb darauf ein Gedicht:

«Also weißt du
Wenn sie Stiefel anhat
Und diesen Schößchenblazer
Darin über die Plantage reitet
In die lohgelbe Savanne und so glaubwürdig
Mitten hinein ins klotzige Abendrot
Wenn sie ihr englisches Teeservice
Vergessen hat den Baron diesen alten Filou
Und das ganze kolonialistische Getue
Wenn endlich die Farm niederbrennt
Und sie frei ist verstehst du frei
Für sich und Denys Finch Hatton
Und die laute löwenmäulige Nacht
Wenn sie wenn ich weiß
Daß es zu spät ist
Für solche Romane
Die Savanne wächst in mir
Dann hol ich verdammt noch mal die Peitsche
Binde die Pferde los
Und weine weine»[456]

N'gong – ein Fest fürs Weinen. Im Gedicht wie im Film rührt die Frustrierung der Liebessehnsucht einer eleganten Frau zu Tränen. Karen: «Falls ich irgendwann aufgefressen werde, begrab mich hier. Ja?» Denys: «Was immer übrigbleibt.» («Jenseits von Afrika», Szene 209)

Nicht zuletzt nachdem der Rungstedlundfonds durch den Verkauf der Filmrechte an «Out of Africa» fast vier Millionen Kronen eingenommen hatte, wurde der herregård Karen Blixens als Museum eingerichtet. Es öffnete im Mai 1991 und zeigt seither neben dem Wohnbereich der Dichterin in zwei Ausstellungsräumen Dokumente und Objekte aus ihrem Leben.

Es war die Lust an solchen Tränen, die Karen Blixen zur Ikone machte, zur Kultfigur... gesäumt von einer Ehrengarde: rechts die sieben Oscars für Pollacks «Out of Africa» und links die sieben Zwerge Blixwittchens, als welche Gerda Nystad die Adoranten Bjørnvig & Co. in einem Comic zeichnete.

Alle hatten sie ihre Elogen verfaßt – wie es überhaupt kaum eine künstlerische Gattung gab, darinnen Karen Blixen nicht gefeiert wurde. So populär war sie 1985, daß Oluf Gandrup ihren Ruhm in einer «despektierlichen Historie»[457] mit dem von Elvis Presley verglich.

Elsa Gress schrieb 1988 das Libretto zu James Wilsons Blixen-Oper «Aria to Ariel» («Arie für Ariel»). Gleichzeitig ließ Peter Høeg die Autorin in seinem Roman «Vorstellung vom zwanzigsten Jahrhundert» als Marionette auftreten. Und 1994 choreographierte Warren Spears ein Ballett betitelt «Tanne».

Heute heißt der EuroCity 186 zwischen Kopenhagen und Hamburg in schlüssiger Symbolik «Karen Blixen». Denn war seine Schutzpatronin nicht von Jugend an gegen das Verharren gewesen, das Auf-der-Stelle-Treten und Erstarren?

Reisen, Tanzen, Leben...

Wer zu Karen Blixen auf den Hexenbesen gestiegen und der wilden Jagd durch ihre Welt der Masken gefolgt ist, der hält es am Ende mit Lawrence Durrell und erklärt: «Das alte Mädchen hat es in sich!»[458] Er schaut auf die Erzählungen der Zauberin zurück, und im selben Augenblick scheint es, als würden sich zwei Verse aus ihrer Lieblingskomödie, dem «Sommernachtstraum», wie ein Motto über das Gesamtwerk setzen:

> «Es wird daraus ein Ganzes voll Bestand,
> Doch seltsam immer noch und wundervoll.»[459]

Anmerkungen

Alle fremdsprachigen Texte, zu denen keine deutschen Übersetzungen vorliegen, wurden vom Verfasser übertragen.
Die in eckigen Klammern stehenden Jahreszahlen hinter Aufsatz-, Gedicht- oder Buchtiteln beziehungsweise hinter Übersetzer- oder Herausgebernamen geben das Datum der Erstveröffentlichung des jeweiligen Werkes an.

1 In Anbetracht der Menge von Karen Blixens Kose-, Spitz- und Künstlernamen wird bei deren Erwähnung im vorliegenden Band so verfahren, daß sie – je nachdem, wie es sinnvoll erscheint – mit oder ohne Anführungszeichen gesetzt sind. Auf eine gemäß den Prinzipien der Rowohlt Monographien hier und da konsequente Kursivierung wurde aus Gründen der Übersichtlichkeit verzichtet.

2 William Shakespeare: «Ein Sommernachtstraum» III:1[1600]. Übersetzt von A[ugust] W[ilhelm] v[on] Schlegel, in: Shakespeares Werke. Vollständige Ausgabe II, München, ohne Jahresangabe [1962] (= Bongs Goldene Klassiker Bibliothek), S. 255.

3 Tania Blixen: Briefe aus Afrika 1914–1931. Herausgegeben und eingeleitet von Frans Lasson [1978]. Aus dem Dänischen übertragen von Sigrid Daub, Stuttgart 1988, S. 280 (3. April 1926).

4 Clara Selborn: Die Herrin von Rungstedlund. Erinnerungen an meine Zeit mit Tania Blixen [1974; 1981]. Aus dem Dänischen übertragen und mit Anmerkungen versehen von Sigrid Daub, Stuttgart 1993, S. 52.

5 Nach Selborn: Herrin, S. 165.

6 Selborn: Herrin, S. 102.

7 Tania Blixen: «Wiedersehen» [1975], in dies.: Gespensterpferde. Nachgelassene Erzählungen [1975]. Aus dem Dänischen übertragen von Ursula Gunsilius [1984], Stuttgart ²1987, S. 256.

8 Q[uintus] Horatius Flaccus: Sermones I:1 [35 v. Chr.]. Übersetzt und zusammen mit Hans Färber bearbeitet von Wilhelm Schöne, in Horaz: Sämtliche Werke. Lateinisch und deutsch, München 1960 (= Tusculum-Bücherei), Teil II, S. 10, Vers 69f.

9 Vgl. Thomas Dinesen: Boganis. Min fader, hans slægt, hans liv og hans tid, Kopenhagen 1972, S. 10.

10 Dinesen: Boganis, S. 17.

11 Nach Dinesen: Boganis, S. 18.

12 Nach Dinesen: Boganis, S. 27.

13 Der Briefwechsel der beiden Männer wird, wie ich am 14. April 1994 bei einem Besuch auf dem Stammsitz der von Blixen-Fineckes im schonischen Näsbyholm erfuhr, vom Ururenkel des Carl Frederik Baron von Blixen-Finecke, Jan Blixen Finecke, bewahrt.

14 Martin Gerhardt und Walther Hubatsch: Deutschland und Skandinavien im Wandel der Jahrhunderte [1950], Darmstadt ²1977, S. 359.

15 [Otto von] Bismarck: Gedanken und Erinnerungen, Stuttgart und Berlin 1928, S. 350.
16 Barschheit war ein Grundwesenszug dieses Mannes. Als er im Herbst des Jahres 1833 mit Hans Christian Andersen eine Kavalierstour nach Paris und Rom unternahm, hielt der Dichter wiederholt in seinen Diarien fest, wie Dinesen ihn «durch sein Benehmen verärgert» hatte, ihm «Grund zum Unwillen» gab und ihn «verletzte» (Aus Andersens Tagebüchern I. Herausgegeben und aus dem Dänischen übertragen von Heinz Barüske, Frankfurt am Main 1980 [= Fischer Taschenbuch 2071], S. 145, S. 158 und S. 166).
17 Nach Georg Brandes: «Wilhelm Dinesen» [1889], in ders.: Essays. Danske Personligheder, Kopenhagen 1889, S. 288.
18 W[ilhelm] Dinesen: «Fra et Ophold i de Forenede Stater», in: Tilskueren 4, 1887, S. 778.
19 Dinesen: «Ophold», S. 920. Schon als ein solcher Einzelgänger verkörperte Wilhelm Dinesen für Georg Brandes (vgl. S. 19) einen Repräsentanten seiner Zeit. Unter Hinweis auf Chateaubriands «René» [1802] schreibt er: «So begegnen wir denn wieder dem jungen Mann des Jahrhunderts […]. Er ist bleich, seine Stirn ist gefurcht, sein Leben ist müßig, seine Faust geballt. Ausgestoßen aus einer Gesellschaft, die er verwünscht, weil er in ihr nicht seinen Platz finden kann, sehen wir ihn allein in der neuen Welt, in den Urwäldern unter wilden Indianerstämmen umherschweifen» (Georg Brandes: «Die Emigrantenliteratur», in ders.: Die Hauptströmungen der Literatur des neunzehnten Jahrhunderts I [1872]. Uebersetzt und eingeleitet von Adolf Strodtmann, Leipzig 1872, S. 38).
20 Johannes Ewald: «Rungsteds Lyksaligheder» [1775]; nach Heinz Barüske: «Rungsteds Glückseligkeiten», in ders.: Im Land der Meerjungfrau. Reisen in Dänemark, Berlin – Frankfurt am Main – Wien 1982, S. 172.
21 Dinesen: Boganis, S. 95.
22 Gregers Hansen: «Kendte danskeres anetavler X. Karen Blixens anetavle», in: Personalhistorisk Tidskrift 103, 1983, S. 154 (Nr. 12–13).
23 Judith Thurman: Tania Blixen. Ihr Leben und Werk [1982]. Aus dem Amerikanischen übertragen von Barbara Henninges und Margarete Längsfeld, Stuttgart 1989, S. 20.
24 Dinesen: Boganis, S. 100.
25 Nach Thurman: Blixen, S. 40.
26 Dinesen: Boganis, S. 108.
27 Nach Tania Blixen: «Rungstedlund. Eine Ansprache im Radio» [1958], in dies.: Mottos meines Lebens. Betrachtungen aus drei Jahrzehnten [1981; 1985; 1987]. Aus dem Dänischen übertragen von Sigrid Daub et al., Stuttgart 1991, S. 294.
28 So die richtige Schreibweise des zweiten Vornamens, der in der Literatur – und zwar merkwürdigerweise immer in den biographischen Lexika – gern falsch wiedergegeben wird (vgl. Hørsholm sogn. Kontraministerialbog 1847–92. Fødte Qvindekiøn, unter dem Datum «17 April 1885»).
29 Blixen: Briefe, S. 274 (1. April 1926).
30 Wilhelm Dinesen: Paris under Communen [1872], Kopenhagen ²1891.
31 Johan Nordahl Grieg: Nederlaget, Oslo 1936.
32 Bertolt Brecht: Die Tage der Commune [1948; 1949], in ders.: Gesammelte Werke V (= Gesammelte Werke in zwanzig Bänden), Frankfurt am Main 1967 (= werkausgabe edition suhrkamp), S. 2107–2192.
33 Vgl. Anm. 18.
34 Donald K. Watkins: «A Dane's View on Frontier Culture: ‹Notes on a Stay in the United States›, 1872–1874, by Wilhelm Dinesen», in: Nebraska History 55, 1974, S. 268.
35 Wilhelm Dinesen: Fra Vest til Øst. Syv Skizzer, Kopenhagen 1880.
36 Dies war der Name, den ihm die Chippewa-Indianer gegeben hatten; er bedeutete «[Hasel]nüßchen» (dazu Richard B. Vowles: «Boganis, Father of Osceola; or Wilhelm Dinesen in America 1872–1874», in: Scandinavian Studies 48, 1976, S. 381 f., Anm. 3).

37 Boganis [das ist Wilhelm Dinesen]: Jagtbreve, Kopenhagen 1889 – im folgenden zitiert nach Boganis: Jagtbreve og nye Jagtbreve, Kopenhagen 1966.
38 Boganis: Jagtbreve, S. 20.
39 Boganis: Jagtbreve, S. 159.
40 Boganis [das ist Wilhelm Dinesen]: Nye Jagtbreve, Kopenhagen 1892.
41 Georg Brandes: «Aristokratischer Radicalismus. Eine Abhandlung über
Friedrich Nietzsche» [1888], in: Deutsche Rundschau 63, 1890, S. 57.
42 Brandes: «Radicalismus», S. 66.
43 Brandes: «Radicalismus», S. 67.
44 Brandes: «Radicalismus», S. 77.
45 Poul Martin Møller: «Scener i Rosenborg Have» [1821], in ders.: Efterladte
Skrifter I. Udgiven af Christian Winther, Kopenhagen 1839, S. 74–88.
46 Steen Steensen Blicher: E Bindstouw, Randers 1842.
47 Hans Christian Andersen: Lykke-Peer, Kopenhagen 1870.
48 Jens Peter Jacobsen: Niels Lyhne [1880]. Aus dem Dänischen übertragen von
Anke Mann, Frankfurt am Main 1973 (= insel taschenbuch 44), S. 192.
49 Herman Bang: Haabløse Slægter, Kopenhagen 1880.
50 Vgl. die Essaysammlung von Georg Brandes: Det moderne Gjennembruds
Mænd, Kopenhagen 1883.
51 Nach Gunnar Brandell: «Die skandinavischen Literaturen 1870–1900». Aus
dem Schwedischen übertragen von Detlef Brennecke, in Helmut Kreuzer:
Jahrhundertende – Jahrhundertwende I, Wiesbaden 1976 (= Neues Handbuch
der Literaturwissenschaft 18), S. 123. Brandell bezieht sich auf Brandes:
«Emigrantenliteratur», S. 6.
52 Georg Brandes: «Wilhelm Dinesen» [1889], in ders.: Essays. Danske Personligheder, Kopenhagen 1889, S. 289.
53 Friedrich Nietzsche: «Unzeitgemäße Betrachtungen IV. Richard Wagner in
Bayreuth» [1876], in ders.: Sämtliche Werke I. Herausgegeben von Giorgio
Colli und Mazzino Montinari, München – Berlin – New York 1980 (= Kriti-
sche Studienausgabe in fünfzehn Bänden), S. 442.
54 Nach Parmenia Migel: Titania. The biography of Isak Dinesen [1967], New
York ³1967, S. 8.
55 Mit dieser Wendung widmete Adolph Wilhelm Dinesen seiner Tochter Karen
am 22. Oktober 1894 ein Exemplar der «Portraits et Dessins appartenants à
Thiers Histoire du Consulat et de l'Empire» (ohne Orts- [Paris] und Jahresangabe [ca. 1870]).
56 «Folketingsmand Kaptajn W. Dinesen til Rungstedgaard hængt sig i et Pen-
sionat paa St. Annæ Plads», in: Aftenbladet vom 28. März 1895.
57 «Kaptejn W. Dinesens Død», in: Dannebrog vom 29. März 1895.
58 «Kaptajn Dinesen», in: Socialdemokraten vom 29. März 1895.
59 Dinesen: Boganis, S. 135.
60 Dinesen: Jagtbreve, S. 228.
61 Nach Hans Andersen: «Faderen. Om nogle træk i familien Dinesens liv og
forfatterskaber», in: Festskrift til Jens Kruuse den 6. april 1968. Redigeret af
Gustav Albeck et al., Aarhus 1968, S. 44.
62 «Dødsfaldet i Gaar. Kaptejn W. Dinesens Død», in: Politiken vom
29. März 1895. Die Zeitung «Socialdemokraten» stellte am selben Tag in pro-
letarischer Unverblümtheit eine ähnliche These auf: «Anstatt ein hilfloser
Idiot zu werden, zog er es vor, von eigener Hand aus dem Leben zu scheiden.»
63 G[eorg] B[randes]: «Wilhelm Dinesen», in: Politiken vom 29. März 1895.
64 «Dødsfaldet i Gaar», in: Politiken vom 29. März 1895.
65 So nannte ihn der Dichter Holger Drachmann in seinem Threnos «Boganis.
† 28. Marts 95», in: Politiken vom 4. April 1895.
66 Nach Frans Lasson / Clara Selborn: Tania Blixen. Ihr Leben in Dänemark
und Afrika. Eine Bildbiographie [1969]. Aus dem Dänischen übertragen von
Jón Laxdal, Stuttgart 1987, S. 39.
67 Thomas Dinesen: Tanne. Min søster Karen Blixen [1974], Kopenhagen ⁴1974,
S. 23.

68 Nach Aage Kabell: Karen Blixen debuterer, München 1968, S. 22, Anm. 9.
69 Karen Blixen war jener Chieftain ein Begriff, weil ihr Vater seinen Schäfer-
hund nach ihm benannt und sie über die Bedeutung des Namens aufgeklärt
hatte. Noch heute heißt ein See bei 89° 11' westlicher Länge und 46° 08' nörd-
licher Breite, also nicht weit von Wilhelm Dinesens amerikanischem Exil, Osceola Lake (vgl. Vilas County. Wisconsin Map, Eagle River 1992).
70 Vgl. Johan Fritzner: Ordbog over det gamle norske Sprog II [1867], Oslo –
Bergen – Tromsø ⁴1973, S. 396 s. v. «lagalauss» und S. 601 s. v. «löglauss».
71 Peter Lawless [das ist Karen Dinesen]: «Hvor er De dog optaget, Fru Ober-
stinde! […]», in: Klods Hans vom 13. Oktober 1907.
72 Osceola [das ist Karen Dinesen]: «Eneboerne», in: Tilskueren 24, 1907,
S. 609–635.
73 Tania Blixen: «Farah» [1950], in dies.: Schatten wandern übers Gras [1960].
Aus dem Englischen übertragen von W[ilhelm] E[manuel] Süskind [1986],
Stuttgart ⁴1989, S. 12.
74 Wie Anm. 73.
75 Shakespeare: «Sommernachtstraum» V:1, S. 277.
76 Nach Robert Langbaum: The Gayety of Vision. A Study of Isak Dinesen's
Art, New York 1965, S. 39.
77 Auf Folehave waren solche Weisungen von den Damen Westenholz als
Leitsätze an den Wänden aufgehängt worden; auf Rungstedlund hatte derlei
Ingeborg Dinesen als «Hausregeln» in einer Kladde fixiert (vgl. Anders Westenholz: Kraftens horn. Myte og virkelighed i Karen Blixens liv, Kopenhagen
1982, S. 62; bzw. Thurman: Blixen, S. 69).
78 Karen Dinesen: «Advokaten i Bergen», in Else Cederborg: Ungdomsarbejder
af Karen Blixen. Et udvalg, in: Blixeniana 1983, S. 120.
79 Blixen: Briefe, S. 235 (19. April 1924).
80 Karen Dinesen: «Vinger», in: Osceola. Redigeret af Clara Svendsen, Kopenhagen 1962 (= Gyldendals Julebog 1962), S. 141 (Faksimile beigeheftet zwischen S. 142 und S. 143).
81 Karen Dinesen: «Dagbog fra Paris», in Cederborg: Ungdomsarbejder, S. 187.
82 Lasson / Selborn: Blixen, S. 61.
83 Tania Blixen: «Die Einsiedler» [1907], in dies.: Gespensterpferde (vgl. Anm.
7), S. 37.
84 Blixen: «Einsiedler», S. 37.
85 Blixen: «Einsiedler», S. 53.
86 Osceola [das ist Karen Dinesen]: «Pløjeren», in: Gads danske Magasin 1907,
Oktober, S. 50–59.
87 Osceola [das ist Karen Dinesen]: «Sandsynlige Historier. Familien de Cats»,
in: Tilskueren 26, 1909, S. 1–19.
88 Tania Blixen: «Die Familie de Cats» [1909], in dies.: Gespensterpferde, S. 31.
89 Tania Blixen: «Zu vier Kohlezeichnungen» [1950], in dies.: Mottos, S. 191.
90 Dinesen: Dagbog, S. 193.
91 Dinesen: Dagbog, S. 214.
92 Migel: Titania, S. 31.
93 Nach Thurman: Blixen, S. 154.
94 Tonni Arnold: Bror Blixen. En äventyrare [1992]. Översättning Cilla Johnson,
Stockholm 1993, S. 24.
95 Bror von Blixen-Finecke: African Hunter [1936]. Translated from the Swe-
dish by F. H. Lyon [1937; 1938]. Edited by Peter Hathaway Capstick, New
York 1986, S. 7.
96 Nach Arnold: Blixen S. 86.
97 Nach Thurman: Blixen, S. 73.
98 Ich verwende hier eine Formulierung von Beryl Markham: West with the
Night [1942], Harmondsworth ⁷1988 (= Penguin Books), S. 7. Dabei habe ich
den Originaltext beibehalten, weil die deutsche Übersetzung dieser Stelle
durch Günter Panske, «ein Utopia für Eskapisten», nicht akkurat ist (Beryl
Markham: Westwärts mit der Nacht. Aus dem Englischen übertragen von

Günter Panske [1986], München ²1990 [= Goldmann Taschenbuch 9283], S. 20).
99 General von Lettow-Vorbeck: Mein Leben. Herausgegeben von Ursula von Lettow-Vorbeck, Biberach an der Riß 1957, S. 116. Ein anderer Passagier, der Schwede Claes Gustaf August Claesson Graf Lewenhaupt, schrieb am 6. Januar 1914 über Karen Dinesen in sein Tagebuch: «Einen nennenswerten Überschuß an Intelligenz hat ihr das Schicksal offensichtlich nicht zufallen lassen» (nach Ulf Aschan: Baron Blixen. Ett porträtt av Baron Bror von Blixen-Finecke, Malmö 1986, S. 58). Vgl. im übrigen seinen Reisebericht «Sjöresan till Mombasa» in ders.: Askegreven berättar vidare, Stockholm 1936, S. 81–92.
100 Statt «Busen» muß es «Herzen» heißen (vgl. Friedrich Bodenstedt: Die Lieder des Mirza-Schaffy [1851], Berlin ⁴⁰1872, S. 171).
101 Blixen: Briefe, S. 37 (9. Januar 1914).
102 Prins Wilhelm: «Afrikanskt intermezzo», in ders.: Episoder [1951], Stockholm ²1951, S. 151 f.
103 von Blixen-Finecke: Hunter, S. 11 f.
104 Vgl. zu den hier genannten Details Erik Helmer Pedersen: «Aage Westenholz og den afrikanske farm», in ders.: Pionererne, Kopenhagen 1986, S. 201–205.
105 Blixen: Briefe, S. 38 (20. Januar 1914).
106 Vgl. Markham: Nacht, S. 171.
107 Karen Blixen: Out of Africa [1937], Harmondsworth, ²⁴ohne Jahresangabe [1993] (= Penguin Books), S. 13.
108 Vgl. Frans Lasson: «Fejl adresse», in: Politiken vom 31. Juli 1985, wo ferner darauf hingewiesen wird, daß auch Aage Westenholz' Besitzungen in Malaya die Namen seiner Kinder trugen, nämlich «Søren» und «Erik».
109 Arnold: Blixen, S. 73.
110 Blixen: Briefe, S. 45 (22. April 1914).
111 Blixen: Briefe, S. 496, Anm. zu S. 52 (ohne Datum).
112 Blixen: Briefe, S. 52 (ohne Datum).
113 Blixen: Briefe, S. 52 f. (ohne Datum).
114 Mogens Fog: «Karen Blixens sygdomshistorie», in: Blixeniana 1978, S. 140.
115 William R[obert] Ochieng': A History of Kenya, London and Basingstoke 1985, S. 110.
116 Karen Blixen: Breve fra Afrika 1914–31 I–II. Udgivet af Frans Lasson [1978], Kopenhagen ²1978; hier: Breve I, S. 40 (13. Mai 1914).
117 von Blixen-Finecke: Hunter, S. 275.
118 Thurman: Blixen, S. 203.
119 Karen Blixen: «Ex Africa» [1925], in: Osceola, S. 157.
120 Elspeth Huxley: White Man's Country. Lord Delamere and The Making of Kenya I 1870–1914, London 1935, S. 247.
121 Nach Westenholz: Horn, S. 20 f.
122 So die Benennung durch den späteren Gouverneur der Kronkolonie, Sir Edward Grigg (nach Huxley: Country I, S. 240).
123 Blixen: Breve I, S. 72 (ohne Datum [Februar 1917].
124 Blixen: Briefe, S. 97 (27. März 1918).
125 Huxley: Country I, S. 255 f.
126 Blixen: Breve I, S. 36 (5. April 1914).
127 Blixen: Breve I, S. 80 (11. Juni 1917).
128 Blixen: Breve I, S. 83 (1. Juli 1917).
129 Blixen: Breve I, S. 97 (25. März 1918).
130 Nach Westenholz: Horn, S. 23.
131 Blixen: Briefe, S. 118 (12. August 1918).
132 Blixen: Briefe, S. 157 (30. Oktober 1921).
133 Blixen: Briefe, S. 142 (30. Dezember 1920).
134 Blixen: Briefe, S. 145 (ohne Datum [1921]).
135 Nach Westenholz: Horn, S. 31.

136 Blixen: Briefe, S. 141 (4. Dezember 1920).
137 Blixen: Briefe, S. 160 (23. Januar 1922).
138 Blixen: Briefe, S. 147 (ohne Datum [1921]).
139 Blixen: Briefe, S. 146 (ohne Datum [1921]).
140 Blixen: Briefe, S. 163 (23. Januar 1922; Anlage).
141 Nach Thurman: Blixen, S. 200.
142 von Blixen-Finecke: Hunter, S. 90 f.
143 von Blixen-Finecke: Hunter, S. 91.
144 Blixen: Briefe, S. 88 (12. Januar 1918).
145 Blixen: Briefe, S. 98 (6. April 1918).
146 Wie Anm. 145. Die zitierte Passage stammt aus dem Brief vom 6. April 1918,
     in dem der entsprechende Absatz mit den Worten beginnt: «Ich war gestern
     in Nairobi [...].» Während demnach das erste Zusammentreffen von Karen
     Blixen und Denys Finch Hatton am 5. April 1918 stattgefunden haben muß,
     nimmt Errol Trzebinski dies – gestützt auf eine nicht mehr nachprüfbare No-
     tiz Karen Blixens – für den 4. April an (Errol Trzebinski: Silence Will Speak.
     A study of the life of Denys Finch Hatton and his relationship with Karen Bli-
     xen [1977], London ²1993 [= A Mandarin Paperback], S. 192 und S. 199).
147 Wie Anm. 145.
148 Blixen: Briefe, S. 103 (20. Mai 1918).
149 Nach Trzebinski: Silence, S. 78.
150 Nach Elspeth Huxley: Forks and Hope. An African Notebook, London 1964,
     S. 88.
151 Nach Kabell: Blixen, S. 69.
152 Blixen: Briefe, S. 123 (7. November 1918).
153 Blixen: Briefe, S. 133 (26. Februar 1919).
154 Blixen: Briefe, S. 134 (12. Juli 1919).
155 Shakespeare: «Sommernachtstraum» II:1, S. 240.
156 Nach Thurman: Blixen, S. 247.
157 George Bernard Shaw: Mensch und Übermensch [1905]. Deutsch von Anne-
     marie und Heinrich Böll, Frankfurt am Main 1972 (= Bibliothek Suhrkamp
     129), S. 237.
158 Trzebinski: Silence, S. 227.
159 Blixen: Briefe, S. 156 (30. Oktober 1921).
160 Blixen: Briefe, S. 162 (23. Januar 1922).
161 Blixen: Briefe, S. 99 (17. Mai 1918).
162 Nach Thurman: Blixen, S. 237.
163 Shakespeare: «Sommernachtstraum» III:2, S. 266.
164 von Blixen-Finecke: Hunter, S. 26.
165 Markham: Nacht, S. 274.
166 Tania Blixen: Moderne Ehe und andere Betrachtungen [1977]. Aus dem
     Dänischen übertragen von Walter Boehlich, Frankfurt am Main 1987 (= Bi-
     bliothek Suhrkamp 886), S. 12.
167 Das Giraffenexempel ist ein vorzügliches Signalement des Lamarckismus
     (vgl. dazu unten S. 54). Seit Jean Baptiste Lamarcks «Philosophie zoologique»
     [1809] geistert es durch alle evolutionstheoretischen Debatten.
168 Kaare Weismann: «‹Gastriske kriser›, tabes og tungmetaller. Karen Blixen's
     sygdomsforløb betragtet ud fra et venerologisk synsvinkel», in: Bibliotek for
     læger 185, 1993, S. 354–383.
169 Migel: Titania, S. 73.
170 Thomas Dinesen: Dagbog fra Safari i Masai-Reserve 28. februar – 15. april
     1922, Kopenhagen 1982, S. 16.
171 Blixen: Briefe, S. 173 (4. Februar 1923).
172 Blixen: Briefe, S. 184 (28. Mai 1923).
173 Blixen: Briefe, S. 188 (19. August 1923).
174 Blixen: Briefe, S. 197 (21. Oktober 1923).
175 Blixen: Briefe, S. 195 (25. September 1923).
176 Vgl. Arnold: Blixen, S. 183.

177 Blixen: Briefe, S. 445 (11. November 1928). Zumindest was das Mitbringen betrifft, brauchte Denys Finch Hatton keine Bedenken zu haben – denn seine beiden Geliebten waren miteinander befreundet. Die Biographin Beryl Markhams, Mary S. Lovell, wies nach der Lektüre jener Dokumente, die Frans Lasson in seiner Edition der Briefe Karen Blixens unterdrückt hat, darauf hin, daß Karen Blixen seit 1923 mit Beryl Markham, damals noch verheiratete Purves, bekannt war und sie zu dieser Zeit auch malen wollte, sobald die «Farben aus Frankreich» eingetroffen waren; 1927, nach Beryls Eheschließung mit Mansfield Markham, hatte sie dem jungen Paar für «den ersten Teil der Flitterwochen» M'bogani zur Verfügung gestellt (vgl. Mary S. Lovell: Beryl Markham. Leben für Afrika [1987]. Aus dem Englischen übertragen von Christa Seibicke, München 1993 [= Goldmann Taschenbuch 42227], S. 82 und S. 101 f.).

178 Blixen: Briefe, S. 199 (11. November 1923).

179 Aldous Huxley: Eine Gesellschaft auf dem Lande [Crome Yellow, 1921]. Aus dem Englischen übertragen […] von Herbert Schlüter [1977], München – Zürich [3]1991 (= Serie Piper 1297), S. 25. Huxley hat diesen Text, nebenbei bemerkt, mehrfach als «Marionettenspiel» bezeichnet (ebda. S. 240 et passim)!

180 Blixen: Briefe, S. 298 (5. August 1926).

181 Blixen: Ehe, S. 75.

182 Blixen: Ehe, S. 79.

183 Blixen: Ehe, S. 68 und S. 69.

184 Blixen: Ehe, S. 64.

185 Blixen: Briefe, S. 214 (27. Januar 1924).

186 Blixen: Briefe, S. 179 (9. April 1923).

187 Blixen: Briefe, S. 219 (24. Februar 1924).

188 Blixen: Briefe, S. 247 (3. August 1924).

189 Nach Westenholz: Horn, S. 38.

190 Dinesen: Dagbog, S. 97.

191 So Thomas Dinesen in einem Brief vom 3. Juli 1963 an Parmenia Migel, in dies.: Titania, S. 78.

192 Nach Thurman: Blixen, S. 311.

193 Karen Blixen-Finecke: «Sandhedens Hævn. En Marionetkomedie», in: Tilskueren 43, 1926, S. 329–344. Ein früherer Versuch, «Sandhedens Hævn» zu publizieren, war fehlgeschlagen: durch Vermittlung ihrer Freundin Ellen Wanscher hatte Karen Blixen das Stück am 31. Januar 1914 an den Gyldendal Verlag geschickt, der jedoch auf die Zusendung nicht reagierte, weshalb die Autorin ihr Manuskript mit Schreiben vom 27. Januar 1916 zurückforderte (dazu Niels Birger Wamberg: Digterne og Gyldendal. Kapitler af et forlags historie, Kopenhagen 1970, S. 308 f.).
    Im übrigen ist das Stück auf deutsch vorhanden als Hörspiel des Hessischen Rundfunks in Frankfurt am Main – Tania Blixen: «Die Rache der Wahrheit. Eine Marionettenkomödie». Aus dem Dänischen übertragen von Thyra Dohrenburg. Bearbeitung: Christine von Kohl. Regie: Ludwig Cremer. Spieldauer: 53'35". Erstsendung: 26. Dezember 1960. Archivnummer: 93043/93044.

194 Blixen-Finecke: «Hævn», S. 330.

195 Blixen: Briefe, S. 315 (5. September 1926).

196 Nach Donald Hannah: «Isak Dinesen» and Karen Blixen. The Mask and The Reality, New York 1971, S. 125.

197 Blixen-Finecke: «Hævn», S. 331.

198 Nach Trzebinski: Silence, S. 318.

199 Marcel Proust: Auf der Suche nach der verlorenen Zeit V. Die Welt der Guermantes II [1920/1921]). Aus dem Französischen übertragen von Eva Rechel-Mertens (= Ausgabe in zehn Bänden [1979]), Frankfurt am Main [3]1983, S. 1926.

200 Blixen: Briefe, S. 465 (21. September 1930) und S. 466 (12. Oktober 1930).

201 Nach Westenholz: Horn, S. 48.

202 Blixen: Briefe, S. 476 (10. April 1931).

203 Blixen: Briefe, S. 491 (7. Mai [muß heißen: Juni] 1931).

204 Nach Peter H[ill] Beard: Tod der Wildnis. Nachruf auf ein Paradies [1977]. Aus dem Amerikanischen übertragen von Ingrid Schünemann, München 1978, S. 144.

205 Nach Migel: Titania, S. 16.

206 Blixen: Briefe, S. 473 (10. April 1931).

207 Migel: Titania, S. 91.

208 Blixen: Schatten (vgl. Anm. 73), S. 87.

209 Blixen: Briefe, S. 474 (10. April 1931).

210 Wie Anm. 209.

211 Tania Blixen: Afrika, dunkel lockende Welt [1937]. Aus dem Englischen übertragen von Rudolf von Scholtz, Zürich 1986 (= Manesse Bibliothek der Weltliteratur), S. 60.

212 Nach Merete Bonnesen: «En Samtale med Isak Dinesen: Rungsteds og Afrikas Lyksaligheder», in: Politiken vom 10. September 1935; nach Grethe Rostbøll: «Om ‹Syv fantastiske Fortællinger›. Tilblivelsen, udgivelsen og modtagelsen af Karen Blixens første bog. En dokumentation», in: Blixeniana 1980, S. 249.

213 Dinesen: Tanne, S. 124.

214 Migel: Titania, S. 122.

215 Blixen: Briefe, S. 474 (10. April 1931).

216 Nach Rostbøll: Dokumentation, S. 67.

217 Nach Rostbøll: Dokumentation, S. 64.

218 Vgl. Pia Bondesson: Karen Blixens bogsamling på Rungstedlund. En katalog, Kopenhagen 1982, S. 94 (Nr. 397) und S. 104 (Nr. 432).

219 Nach Niels Birger Wamberg: «Karen Blixen» [1960], in ders.: Samtaler med danske digtere, Kopenhagen 1968, S. 48. Daß Karen Blixens Referat von 1. Mose 17:16–21 und 21:1–7 in dem Interview kaum mit der biblischen Vorlage übereinstimmt, ändert nichts an der Intention der Autorin bei dieser Namenwahl: der Betonung ihrer ‹Gebär›fähigkeit im hohen Alter.

Die Tatsache, daß Karen Blixen, die die Anagramme liebte, eine Zeitlang erwog, als Pseudonym jene Variation ihres Mädchennamens Dinesen zu wählen, die «Denisen» ergab – also «Denys Sohn» –, fixiert diese Absicht sogar auf einen Erzeuger... wobei dann die Rückkehr zum ursprünglichen Familiennamen deutlich macht, wen Karen Blixen letzten Endes wirklich für den Vater ihrer Kunst hielt: Wilhelm Dinesen.

220 Tania Blixen: Die Sintflut von Norderney und andere seltsame Geschichten [1934]. Aus dem Englischen übertragen von Martin Lang und W[ilhelm] E[manuel] Süskind, Stuttgart 1937 (hier fehlte die Nachbildung von «The Old Chevalier» und « The Monkey»).

Sage und schreibe erst 1979 kam eine vollständige deutsche Übersetzung von Karen Blixens Erstling heraus – Tania Blixen: Sieben phantastische Geschichten [1934]. Ins Deutsche übertragen von Thyra Dohrenburg, Martin Lang und W[ilhelm] E[manuel] Süskind, Stuttgart 1979. Aber schlüssig ist auch diese Ausgabe nicht.

«Die Sintflut von Norderney», «Die Straßen von Pisa», «Das Familientreffen von Helsingör», «Die Träumer» und «Der Dichter» wurden nach der englischen Ausgabe (Isak Dinesen: Seven Gothic Tales, London 1934) übersetzt, in der im wesentlichen die orthographischen Fehler der amerikanischen Ausgabe (Isak Dinesen: Seven Gothic Tales, New York 1934) ausgemerzt waren und Karen Blixen die ursprünglich von ihr intendierte Reihenfolge der Erzählungen wiederhergestellt hatte; «Der alte, wandernde Ritter» und «Der Affe» hingegen wurden nach der dänischen Ausgabe übersetzt (Isak Dinesen [!]: Syv fantastiske Fortællinger, Kopenhagen 1935) – dort jedoch hatte Karen Blixen alle ihre Texte stilistisch bearbeitet und ergänzt: ein Schliff, den mithin im Deutschen nur zwei der sieben phantastischen Geschichten besitzen.

221 «‹7 Gothic Tales› Author Reveals Her Danish Title / Dinesen Was Baroness Blixen's Maiden Name, Harrison Smith Admits / Once a Coffee Planter / Wrote Her Stirring Book in Johannes Ewald's Inn», in: New York Herald Tribune vom 23. April 1934.

222 Im folgenden zitiert nach Tania Blixen: Sieben phantastische Geschichten [1934]. Ins Deutsche übertragen von Thyra Dohrenburg, Martin Lang und W[ilhelm] E[manuel] Süskind [1979], Stuttgart ²1987; hier «Die Sintflut von Norderney», in dies.: Geschichten, S. 26.

223 Tania Blixen: «Ein Familientreffen in Helsingör», in dies.: Geschichten, S. 214.

224 Tania Blixen: «Die Straßen um Pisa», in dies.: Geschichten, S. 159.

225 Tania Blixen: «Der Dichter», in dies.: Geschichten, S. 325.

226 Tania Blixen: «Die Träumer», in dies.: Geschichten, S. 271.

227 Tania Blixen: «Der alte, wandernde Ritter», in dies.: Geschichten, S. 87.

228 Blixen: «Träumer», S. 283.

229 Tania Blixen: «Der Affe», in dies.: Geschichten, S. 117.

230 Blixen: «Träumer», S. 268.

231 Blixen: «Sintflut», S. 47.

232 Blixen: «Sintflut», S. 54.

233 Blixen: «Sintflut», S. 64.

234 Blixen: «Träumer», S. 285.

235 Blixen: «Dichter», S. 352; es handelt sich hier um ein Spiel mit Wörtern aus den Schlußzeilen von Heines Gedicht «Der Asra» aus dem «Romanzero»-Zyklus [1851].

236 Tania Blixen: «Ein Familientreffen in Helsingör», in dies.: Geschichten, S. 255.

237 Ich zitiere den Untertitel von Thomas Wolfe: Schau heimwärts, Engel! Eine Geschichte vom begrabnen Leben [1929]. Übertragen ins Deutsche von Hans Schiebelhuth [1958], Reinbek bei Hamburg ³1961 (= rororo 275–276), S. 3.

238 Blixen: «Straßen», S. 181 f. Um die im Dänischen vorhandene wörtliche Entsprechung des am Ende gebrachten Ausschnitts aus «Die Rache der Wahrheit» mit dem Original von Karen Blixens Komödie wiederherzustellen, habe ich Martin Langs Übersetzung korrigiert.

239 Blixen: «Dichter», S. 380.

240 Jenny Ballou: «These Magic Tales Have an Air of Genius. Delicate Mosaics that recall the Medieval Beauty of Stained-Glass Windows», in: New York Herald Tribune Books vom 8. April 1934; nach Rostbøll: Dokumentation, S. 87.

241 Peter Monro Jack: «A strange Book for Our Time. In ‹Seven Gothic Tales› a Subtle and Curious Revocation of a Long-Vanished Style in Literatur», in: The New York Times Book Review vom 8. April 1934; nach: Rostbøll: Dokumentation, S. 91.

242 Tom Kristensen: «Den unge Lyrik og dens Krise» [1925], in ders.: Mellem Krigene, Artikler og Kroniker. Udvalgt af Regin Højberg-Pedersen, Kopenhagen 1946, S. 24.

243 Tom Kristensen: Roman einer Verwüstung [1930]. Aus dem Dänischen übertragen von Gisela Perlet, Berlin 1992.

244 Tom Kristensen: «Den danske Bog, der erobrede Amerika», in: Politiken vom 30. April 1935; nach Rostbøll: Dokumentation, S. 159.

245 Hans Brix: «Baronesse Blixen-Fineckes ‹Gothic Tales››, in: Dagens Nyheder vom 3. Juli 1934; nach Rostbøll: Dokumentation, S. 175.

246 Merete Bonnesen: «En Samtale med Isak Dinesen, Rungsteds og Afrikas Lyksaligheder», in: Politiken vom 10. September 1935; nach Rostbøll: Dokumentation, S. 252 f.

247 Nach Margrethe Spies: «En verdensberømt Forfatterinde. Et Besøg hos Baronesse Karen Blixen paa Rungstedlund», in: Vore Damer vom 5. Oktober 1937; nach Marianne Juhl: «Om ‹Den afrikanske Farm›. Tilblivelsen, udgivelsen og modtagelsen af Karen Blixens anden bog. En dokumentation», in: Blixeniana 1984, S. 129.

248 Karen Blixen-Finecke: «Kamanthe och Lulu», in: Jultrevnad 3, 1935, S. 28–36.
249 Nach Juhl: «Dokumentation», S. 45.
250 Wie Anm. 249.
251 Karen Blixen: Den afrikanske Farm, Kopenhagen 1937. Die deutsche Übersetzung des dänischen Originals erschien erst zweiundfünfzig Jahre später – Tania Blixen: Die afrikanische Farm. Aus dem Dänischen übertragen von Gisela Perlet, Rostock 1989.
252 Karen Blixen: Out of Africa, London 1937; respektive Tania Blixen: Afrika, dunkel lockende Welt. Aus dem Englischen übertragen von Rudolf von Scholtz, Stuttgart 1938.
253 Isak Dinesen: Out of Africa, New York 1938; respektive Tania Blixen: Jenseits von Afrika. Aus dem Englischen übertragen von Rudolf von Scholtz, München 1993 (= Heyne-Buch 01/8390) – diese Ausgabe, die ihren Titel nach der Verfilmung des Stoffes durch Sydney Pollack [1985] erhielt und deren Text identisch ist mit der von Scholtzschen Übertragung «Afrika, dunkel lockende Welt», wird hier erwähnt, um auch den dritten deutschen Namen ein und desselben Buches von Karen Blixen vorzustellen.
254 Im folgenden zitiert nach Tania Blixen: Afrika, dunkel lockende Welt [1937]. Aus dem Englischen übertragen von Rudolf von Scholtz, Zürich 1986 (= Manesse Bibliothek der Weltliteratur); hier S. 32.
255 Graf Augustus von Schimmelmann trat sowohl in «Die Straßen um Pisa» (S. 153 et passim) als auch in «Der Dichter» (S. 344 et passim) auf. Daß der deutsche Leser von «Afrika, dunkel lockende Welt» die Wiederbegegnung mit dem adligen Herrn nicht vollziehen kann, liegt daran, daß diese Standardübersetzung von «Out of Africa» – anders als Gisela Perlets Übertragung von «Den afrikanske Farm» – unvollständig ist.
　　Im Kapitel «Lose Blätter» fehlt neben der Nachbildung von sechs weiteren Abschnitten beispielsweise auch das die integrierenden Teilstücks «In the Menagerie», in welchem «Count Schimmelmann» flaniert (Blixen: Africa [vgl. Anm. 107], S. 258 et passim). Daß dieser Mangel bis heute – nach einem halben Jahrhundert! – offenbar keinen Leser empört hat, ist ebenso verblüffend wie ohne Not gemachte Bemerkung von Bernhard Glienke, Rudolf von Scholtz habe das Original «ungekürzt» übertragen (Bernhard Glienke: Fatale Präzedenz. Karen Blixens Mythologie [= Skandinavistische Studien 18], Neumünster 1986, S. 52.
256 Blixen: Briefe, S. 388 (5. Februar 1928).
257 Blixen: Afrika, S. 249.
258 Blixen: Briefe, S. 375 f. (3. Januar 1928).
259 Blixen: Afrika, S. 280–282.
260 Blixen: Afrika, S. 5. Die Forschung – und darin vornan Judith Thurman (Blixen, S. 83) – lehrt unisono, daß Karen Blixen dieses Motto einer Formulierung Friedrich Nietzsches nachgebildet habe: «‹Wahrheit reden und gut mit Bogen und Pfeil verkehren›» (Friedrich Nietzsche: «Also sprach Zarathustra I» [1883], in ders.: Werke IV [vgl. Anm. 53], S. 75 [die kanonisierte dänische Übersetzung dieser Stelle durch Louis von Kohl aus dem Jahre 1911 lautet: «At tale Sandhed og være fortrolig med Pil og Bue»; nach Liselotte Henriksen: Karen Blixen. En håndbog, Kopenhagen 1988, S. 29]). Dies jedoch ist, worauf mich Hanns Grössel aufmerksam machte, nicht richtig.
　　Karen Blixen hat ihren Wahlspruch, der auf dänisch lautet: «At ride, at skyde med Bue og at tale Sandhed» (vgl. Karen Blixen: Den afrikanske Farm, Kopenhagen 1964 [= Karen Blixen Mindeudgave III], S. 7) vielmehr nahezu wörtlich entnommen Meïr Aron Goldschmidt: Livs Erindringer og Resultater I, Kopenhagen 1877, S. 167 – einem Buch, das sie besaß (vgl. Bondesson: Bogsamling, S. 162, [Nr. 667; aus diesem Verzeichnis geht zudem hervor, daß Karen Blixen nicht e i n e n Titel von Nietzsche in ihrer Büchersammlung bewahrte!]). Goldschmidt hinwieder bezog sich expressis verbis auf Hans Ancher Kofod: Historiens vigtigste Begivenheder, fragmentarisk fremstillede for Begyndere, Kopenhagen 1808, S. 38; und der schließlich gründete auf dem

Ersten Buch von Herodots «Historien», wo es von den Persern heißt: «Sie unterweisen die Knaben vom fünften bis zum zwanzigsten Jahr besonders in drei Dingen: im Reiten, im Bogenschießen und in der Wahrhaftigkeit» (Herodot: Historien I [5. Jh. v. Chr.]. Griechisch-deutsch. Herausgegeben von Josef Feix, München 1963 [Tusculum-Bücherei], S. 131).

Es gibt in Anbetracht dieser ganz und gar dänischen Filiation keinen Anlaß, das Motto zum Ausgangspunkt von Spekulationen über Karen Blixens Nietzscheanismus zu machen!

261 Nach Thurman: Blixen, S. 250.
262 Ich habe hier eine Umschreibung des Kierkegaardschen Wahrheitsbegriffs von Romano Guardini übernommen (Romano Guardini: «Der Ausgangspunkt der Denkbewegung Sören Kierkegaards» [1927], in: Sören Kierkegaard. Herausgegeben von Heinz-Horst Schrey [= Wege der Forschung 179], Darmstadt 1971, S. 77).
263 Blixen: Afrika, S. 10.
264 Blixen: Afrika, S. 261.
265 Blixen: Afrika, S. 244. Wie Graf Schimmelmann tauchte auch er schon in den «Sieben phantastischen Geschichten» auf (Blixen: «Sintflut», S. 14).
266 Tania Blixen: «Schwarze und Weiße in Afrika» [1938], in dies.: Mottos, S. 76.
267 Blixen: Afrika, S. 220.
268 Blixen: Afrika, S. 328.
269 Blixen: Afrika, S. 457.
270 Blixen: Afrika, S. 99.
271 Vgl. Anm. 270.
272 Blixen: Afrika, S. 452f.
273 Blixen: Afrika, S. 436.
274 Blixen: Afrika, S. 438.
275 Wie Anm. 274.
276 Blixen: Breve I, S. 35 (1. April 1914). Ich zitiere hier die dänische Ausgabe, weil die deutsche Übersetzung an dieser Stelle nicht wörtlich ist.
277 Blixen: Afrika, S. 317.
278 Thomas Mann: «Freud und die Zukunft» [1936], in ders.: Schriften und Reden zur Literatur, Kunst und Philosophie II (= ders.: Werke. Das essayistische Werk. Taschenbuchausgabe in acht Bänden. Herausgegeben von Hans Bürgin), Frankfurt am Main und Hamburg 1968 (= Fischer Bücherei. Moderne Klassiker), S. 228.
279 Kai Friis-Møller: «Den afrikanske Farm», in: Ekstra Bladet vom 6. Oktober 1937; nach Juhl: «Dokumentation», S. 148.
280 Nach Thurman: Blixen, S. 399.
281 Tania Blixen: «Briefe aus einem Land im Krieg» [1948], in dies.: Mottos, S. 105.
282 Nach Thurman: Blixen, S. 418.
283 Nach Martin Günter: «Karen Blixen i Hitlers Berlin», in: Cras 42, 1985, S. 65.
284 Blixen: «Briefe», S. 106.
285 Wie Anm. 284.
286 Blixen: Breve II, S. 39 (16. Mai 1926).
287 Blixen: «Briefe», S. 134.
288 Hans Erman: «In Berlin traf ein: Karen v. Blixen-Finecke aus Kopenhagen», in: Völkischer Beobachter vom 5. April 1940.
289 Blixen: «Briefe», S. 125.
290 Tage Kaarsted: Krise og krig. 1925–1950, Kopenhagen 1991 (= Gyldendal og Politikens Danmarkshistorie 13), S. 217.
291 Blixen: «Dichter», S. 349.
292 William Shakespeare: «Das Wintermärchen» II:1 [1611]. Übersetzt von Ludwig Tieck (Dorothea Tieck), in ders.: Werke IV, S. 105.
293 Isak Dinesen: Winter's Tales, London, respektive New York 1942.
294 Tania Blixen: Wintergeschichten [1942]. Aus dem Englischen übertragen von Jürgen Schweier, Stuttgart 1985.

295 Karen Blixen: Vinter-Eventyr, Kopenhagen 1942.
296 Im folgenden zitiert nach Tania Blixen: Wintergeschichten [1942]. Aus dem Englischen übertragen von Jürgen Schweier [1985], Stuttgart ²1986; hier «Der junge Mann mit der Nelke», in dies.: Wintergeschichten, S. 7.
297 Blixen: «Der junge Mann», S. 5.
298 Tania Blixen: «Eine tröstliche Geschichte», in dies.: Wintergeschichten, S. 303.
299 Siehe dazu oben Anm. 260 sowie Donald C. Riechel: «Isak Dinesen's ‹Roads Round Nietzsche›», in: Scandinavian Studies 63, 1991, S. 326–350.
300 Friedrich Nietzsche: «Warum ich so klug bin 10», in ders.: Ecce homo [1888], in ders.: Werke VI [vgl. Anm. 53], S. 297.
301 Tania Blixen: «Leidacker», in dies.: Wintergeschichten, S. 70.
302 Blixen: «Leidacker», S. 59.
303 Tania Blixen: «Peter und Rosa», in dies.: Wintergeschichten, S. 301.
304 Blixen: Afrika, S. 285.
305 Annamarie Cleemann: «Karen Blixen fortæller», in: Samleren 19, 1942, S. 34.
306 Tania Blixen: «Die Heldin», in dies.: Wintergeschichten, S. 78.
307 Tom Kristensen: «Karen Blixens nye, fantastiske fortællinger» [1942], in ders.: Til dags dato. Artikler og kroniker. Udvalgt af Carl Bergstrøm-Nielsen, Kopenhagen 1953, S. 120.
308 Tania Blixen: «Die Perlen», in dies.: Wintergeschichten, S. 127.
309 Blixen: ‹Tröstliche Geschichte›, S. 308f.
310 Vgl. Lasson / Selborn: Blixen, S. 152.
311 Ich greife hier den pompösen Titel der deutschen Übersetzung von Clara Selborns Erinnerungen an Karen Blixen auf, die im Original schlicht «Notater om Karen Blixen» heißen, «Aufzeichnungen über Karen Blixen» (Kopenhagen 1974; 1988; vgl. im übrigen Anm. 4).
312 Nach Gustav Meissner: Dänemark unterm Hakenkreuz. Die Nord-Invasion und die Besetzung Dänemarks 1940–1945, Berlin – Frankfurt am Main 1990, S. 328.
313 Migel: Titania, S. 129.
314 Karen Blixen: «Rundstedlunds Lyksalighed. Tale holdt ved en Sommerfest i Lunden 11. juni [muß heißen: juli] 1943», in: Det Danske Akademi 1960–1967, Kopenhagen 1967, S. 245.
315 «Der Königsmord in Finderup» [um 1300], in: Skandinavische Balladen des Mittelalters. Ausgewählt, übertragen und erläutert von Ina-Maria Greverus, Reinbek bei Hamburg 1963 (= Rowohlts Klassiker der Literatur und der Wissenschaft. Skandinavische Literatur 2), S. 97f. sowie S. 127f.
316 Pierre Andrézel: Gengældelsens Veje. Paa dansk ved Clara Svendsen, Kopenhagen 1944.
317 Vgl. Migel: Titania, S. 131.
318 Tania Blixen: Die Rache der Engel [1944]. Ins Deutsche übertragen von Thyra Dohrenburg, Stuttgart 1990, S. 13f.
319 Blixen: Rache, S. 113.
320 Nach Hans Brix: Karen Blixens Eventyr. Med en Excurs om Pierre Andrézel, Kopenhagen 1949, S. 231.
321 Blixen: Rache, S. 40.
322 Blixen: Rache, S. 84.
323 Blixen: Rache, S. 201–207.
324 Blixen: Rache, S. 75; vgl. ebda. auch S. 238.
325 Kaj Thaning: «Et Stykke litterært Detektivarbejde. Pastor Kaj Thaning begrunder, hvorfor Andrezel er Karen Blixen», in: Nationaltidende vom 19. November 1944.
326 Karen Blixen: «Om Pseudonymer og ‹Gengældelsens Veje›», in: Berlingske Aftenavis vom 23. November 1944; nach Brix: Blixen, S. 255.
327 Wie Anm. 326.
328 In einem Gespräch mit Eugene Walter nannte Karen Blixen «Die Rache der Engel» 1956 «my illegitimate child» (Eugene Walter: «Isak Dinesen [= The Art of Fiction XIV]», in: the Paris Review 14, 1956, S. 47).

329 Wie Anm. 326; vgl. außerdem Anm. 319.
330 Nach Fog: «Sygdomshistorie», S. 144.
331 Dies der maschinenschriftliche Text einer Karte, die beigelegt war Bror Blixen: Storvildt [1943]. Oversat af Svend Kragh-Jacobsen, Kopenhagen 1944 (= Eventyrets Grønne Baand); nach Bondesson: Bogsamling, S. 258 (Nr. 1114).
332 Bror von Blixen-Finecke: Nyama, Stockholm 1936 (dies war die Vorlage der englischsprachigen Ausgabe Bror von Blixen-Finecke: African Hunter [vgl. Anm. 95]).
333 Blixen: «Perlen», S. 119.
334 Blixen: «Träumer», S. 268.
335 Frederik Schyberg: «Isak Dinesen, alias Baronesse Karen Blixen-Fineckes ‹Syv fantastiske Fortællinger›. Et Stykke blændende kunstnerisk Simili af en begavet, men forskruet Forfatterinde», in: Berlingske Tidende vom 25. September 1935; nach Rostbøll: Dokumentation, S. 225.
336 Ole Wivel: «En ortodoks vampyr, eller: Aage Henriksens misforståelse af Karen Blixen. Et foredrag om kunst og erkendelse», in ders.: Modspil. Kunst og erkendelse, Kopenhagen 1991, S. 84f.
337 Blixen-Finecke: «Hævn», S. 332.
338 Paul la Cour: «Fragmenter af en Dagbog» [1948]; nach Ole Wivel: Heretica. En antologi af essays og digte fra tidsskriftets seks årgange, Kopenhagen 1962 (= Gyldendals Uglebøger 39), S. 56.
339 Thorkild Bjørnvig: Der Pakt. Meine Freundschaft mit Tania Blixen [1974; 1985]. Aus dem Dänischen übertragen von Gabriele Gerecke, Frankfurt am Main 1993, S. 17.
340 Bjørnvig: Pakt, S. 126.
341 Bjørnvig: Pakt, S. 86.
342 Bjørnvig: Pakt, S. 124.
343 Nach Bjørnvig: Pakt, S. 67.
344 Bjørnvig: Pakt, S. 158.
345 Bjørnvig: Pakt, S. 45.
346 Bjørnvig: Pakt, S. 123.
347 Bjørnvig: Pakt, S. 217.
348 Alexis Hareng [das ist Kelvin Lindemann]: En Aften i Kolera-Aaret, Kopenhagen 1953.
349 Bjørnvig: Pakt, S. 81.
350 Tove Rasmussen: Karen Blixen som jeg kendte hende 1932–1962, Sakskøbing 1983, S. 50.
351 Kelvin Lindemann: «Karen Blixen havde gamle Holberg med i Afrika...!», in: Nationaltidende vom 4. Dezember 1949.
352 Der ganze Vorgang besitzt einen bis dato unentdeckt gebliebenen aparten Seitenaspekt!
     Nachdem Karen Blixen – im Gegensatz zu ihren jetzigen hysterischen Reaktionen – 1934 in «Die Sintflut von Norderney» durchaus gleichgestimmt erwähnt hatte: «Sir Walter Scott fand viel Gefallen an Willibald Alexis' Roman ‹Walladmor›, den dieser unter Scotts Namen erscheinen ließ; er nannte ihn das entzückendste Mysterium des Jahrhunderts» (Blixen: Geschichten, S. 68), leitete Kelvin Lindemann sein nom de plume just aus dieser Episode ab – denn «Alexis Hareng» ist die nur leicht modifizierte Kombination des Pseudonyms (Willibald) Alexis mit dem echten Namen des Autors (Georg Wilhelm Heinrich) Häring.
353 Hareng: Aften, S. 14.
354 Hareng: Aften, S. 40.
355 Hareng: Aften, S. 53.
356 Hareng: Aften, S. 137.
357 Hareng: Aften, S. 141.
358 Bjørnvig: Pakt, S. 82.
359 Else Brundbjerg: «Tillæg til Liselotte Henriksens bibliografi», in: Blixeniana 1978, S. 182.

138

360 Bjørnvig: Pakt, S. 83.
361 Karen Blixen: Sidste Fortællinger, Kopenhagen 1957. Die meisten der Erzählungen waren wie sonst auch von Karen Blixen zunächst auf englisch abgefaßt und dann für ein in den U.S.A., in England und in Dänemark möglichst synchrones Erscheinen in ihre Muttersprache übertragen worden. Ich werde angesichts dieser Tatsache hier und im folgenden nicht weiter zwischen den Erstausgaben differenzieren und verweise diesbezüglich auf die Bibliographie S. 149f.
362 Eugene Walter: «Isak Dinesen Conquers Rome», in: Harper's Magazine 230, 1965, S. 51.
363 Karen Blixen: Farah [1950], Kopenhagen 1950.
364 Karen Blixen: Daguerreotypier [1951], Kopenhagen 1951.
365 Karen Blixen: Babettes Gæstebud [1950]. Oversat af Jørgen Claudi, Kopenhagen 1952.
366 Nach Thurman: Blixen, S. 574.
367 Harald Nielsen: Karen Blixen. Studie i litterær Mystik, Kopenhagen 1956, S. 67 Anm.
368 «Edelfäule», vgl. Brix: «Blixen-Fineckes ‹Gothic Tales›», S. 179.
369 Langbaum: Gayety, S. 44.
370 Thurman: Blixen, S. 574.
371 Vgl. Anm. 370.
372 Staffan Björck: «Kardinal Dinesen berättar», in: Dagens Nyheter vom 4. November 1957.
373 Tania Blixen: «Die Karyatiden. Eine unvollendete Geschichte», in dies.: Letzte Erzählungen [1957]. Aus dem Englischen übertragen von Wolfheinrich von der Mülbe, Barbara Henninges und W[ilhelm] E[manuel] Süskind, Zürich 1985 (= Manesse Bibliothek der Weltliteratur), S. 185.
374 Knut Hamsun: Siste Kapitel, Kristiania 1923.
375 So die wörtliche Übersetzung des Titels. Die deutschen Ausgaben benutzen seit 1924 die Aufschrift «Das letzte Kapitel».
376 Sven Delblanc: Slutord, Stockholm 1991. Der Autor verstarb 1992.
377 Nach Thorkild Bjørnvig: «Wer bin ich?» [1985], in Bodil Wamberg (Hg.): Blixen, Christensen und andere dänische Dichterinnen [1985]. Aus dem Dänischen übertragen von Ursula Schmalbruch, Münster 1988, S. 48.
378 Tania Blixen: «Die erste Erzählung des Kardinals», in dies.: Letzte Erzählungen, S. 32f. und S. 34f.
379 Das Evangelium des Johannes, I:1.
380 Blixen: «Die erste Erzählung», S. 37.
381 Blixen: «Die erste Erzählung», S. 40.
382 Tania Blixen: «Die leere Seite», in dies.: Letzte Erzählungen, S. 153.
383 Blixen: «Dichter», S. 352. Während Bernhard Glienke die Quelle mit «Hesiod, ‹Theogonia› 40» angibt (Präzedenz, S. 115 [vgl. Anm. 255]), steht sie tatsächlich in Hesiods «Werke und Tage»: «Toren! Sie wissen ja nicht, wie Halbes mehr als ein Ganzes / Gilt […]» (vgl. Hesiod: «Werke und Tage» [um 700 v. Chr.], in ders.: Sämtliche Werke. Aus dem Griechischen übertragen von Thassilo von Scheffer [1965], Bremen 1984 [= Sammlung Dieterich], S. 102, Vers 40f.).
384 Blixen: «Seite», S. 146.
385 Hannah: «Dinesen», S. 98.
386 Tania Blixen: «Nächtliches Gespräch in Kopenhagen» [1953], in dies.: Letzte Erzählungen, S. 490.
387 Ingeborg Brandt: «Schreiben ist eigentlich unfein. Eine bemerkenswerte Autorin, eine bemerkenswerte Frau: Tania Blixen», in: Die Welt vom 30. Mai 1958.
388 Karen Blixen: Skæbne-Anekdoter, Kopenhagen 1958.
389 Tania Blixen: «Der Taucher» [1954], in dies.: Schicksalsanekdoten [1958]. Aus dem Englischen übertragen von W[ilhelm] E[manuel] Süskind [1982], Stuttgart ²1987, S. 5 et passim.

139

390 Blixen: «Taucher», S. 12.

391 Tania Blixen: «Stürme», in dies.: Schicksalsanekdoten, S. 57.

392 Louis E[ugene] Grandjean: Blixens animus. Et åndsorienteret forsøg, Kopenhagen 1957, S. 38.

393 Blixen: «Taucher», S. 12.

394 Tania Blixen: «Babettes Gastmahl» [1952], in dies.: Schicksalsanekdoten, S. 36.
   Zu den Unzulänglichkeiten der deutschen Blixen-Ausgaben gehört die Tatsache, daß der Übersetzer der «Schicksalsanekdoten» bei seiner Nachbildung des englischen Originals einen dort (Isak Dinesen: «Babette's Feast», in dies.: Anecdotes of Destiny, New York 1958, S. 24 und S. 35; respektive dies.: dass., London 1958, S. 26 und S. 37) vorhandenen Fehler übernommen hat, der zu einem chaotischen Durcheinander der Chronologie führt: «Babettes Gastmahl» enthält eine Reihe sehr konkreter Angaben, die alle um das Geburtsjahr Karen Blixens 1885 angeordnet sind – hierzu paßt freilich nicht der Hinweis, daß die Ankunft der Köchin in Norwegen 1871 «zwölf» Jahre zurückliegt (Blixen: «Gastmahl», S. 20 und S. 28), vielmehr muß es wie im Dänischen (Karen Blixen: «Babettes Gæstebud», in dies.: Skæbne-Anekdoter [= Karen Blixen Mindeudgave VI], Kopenhagen 1964, S. 28 und S. 39) «vierzehn» heißen (eine entsprechende Korrektur ist auch bei den Äußerungen notwendig, 1871 liege «fünfzehn» [Blixen: «Gastmahl», S. 26] Jahre hinter 1855).
   In der Separatausgabe von 1989 wurden diese Fehler ebensowenig berichtigt (Tania Blixen: Babettes Fest. Aus dem Englischen übertragen von W[ilhelm] E[manuel] Süskind [1989], Zürich *1 993 [= Manesse Bücherei 25], S. 7, S. 20 und S. 25) wie der Lapsus der Autorin, daß das Verführungsduett zwischen Don Giovanni und Zerline aus der neunten Szene des ersten Aufzugs der Mozart-Oper im «zweiten» Akt gesungen wird (Blixen: «Gæstebud», S. 35; dies.: «Gastmahl», S. 25, respektive «Fest», S. 18).

395 Blixen: «Gastmahl», S. 42 f.

396 Blixen: «Gastmahl», S. 47 f.

397 Blixen: Briefe, S. 225 (13. April 1924).

398 Blixen: Briefe, S. 474 (10. April 1931).

399 Blixen: «Gastmahl», S. 38.

400 Blixen: «Gastmahl», S. 53.

401 Friedrich Nietzsche: «Streifzüge eines Unzeitgemässen», in ders.: Götzen-Dämmerung oder Wie man mit dem Hammer philosophirt [1888], in ders.: Werke VI (vgl. Anm. 53), S. 116.

402 Nach Bent Mohn: «Karen Blixens interview med sig selv», in: Blixeniana 1977, S. 74.
   Das Original‹interview› mit Bent Mohn stand in der New York Times Book Review vom 3. November 1957 – war aber, wie Mohn nach zwanzig Jahren zugab, ganz von Karen Blixen selbst geschrieben, die sich mit dem Namen des dänischen Kritikers nur mehr «ein weiteres Pseudonym» (Mohn: «Interview», S. 73) zugelegt hatte.

403 Ernest Hemingway: «Notes on Dangerous Game. The Third Tanganyika Letter» [1934], in ders.: By-Line. Selected Articles and Dispatches of Four Decades. Edited by William White [1967], New York 1968 (= Bantam Book Q 3788/8). S. 145.

404 Vgl. Carlos Baker: Ernest Hemingway. Der Schriftsteller und sein Werk [1952]. Aus dem Amerikanischen übertragen von Helmut Hirsch, Reinbek 1967. S. 340 f.

405 Nach Kenneth S. Lynn: Hemingway. Eine Biographie [1987]. Aus dem Amerikanischen übertragen von Werner Schmitz, Reinbek 1989. S. 727.

406 Wie Anm. 405.

407 So beruft sich Bernhard Glienke (Präzedenz [vgl. Anm. 255], S. 27) auf eine Dankesrede Ernest Hemingways, in welcher Karen Blixen alias Isak Dinesen «der international bekannteste Tribut» entrichtet worden sei. Eine solche Ansprache hat es, zumal der Autor nicht zur Preisverleihung nach Stockholm gereist war, niemals gegeben – vielmehr nur eine kurze Grußadresse, die vom

amerikanischen Botschafter in Schweden, John Cabot, am 10. Dezember 1954 bei einem Bankett in Stadshuset übermittelt wurde. In dieser aber taucht, was seit dreißig Jahren in den einschlägigen Hemingway-Biographien nachzulesen ist, weder der Name Karen Blixens noch der von Isak Dinesen auf (vgl. u. a. Baker: Hemingway, S. 341 f., oder auch Les Prix Nobel. En 1954, Stockholm 1955, S. 54 f.).

408 Nach Thurman: Blixen, S. 597 Anm.
409 Selborn: Herrin, S. 178.
410 Selborn: Herrin, S. 180.
411 Tania Blixen: «Die Mottos meines Lebens» [1959], in dies.: Mottos, S. 317.
412 Carol Matthau: Unter Stachelschweinen. Mein Leben mit Walter Matthau, William Saroyan, Truman Capote, Charlie Chaplin, Tania Blixen und vielen anderen [1992]. Aus dem Amerikanischen übertragen von Ariane Böckler, München 1994 (= Goldmann FrauenLeben 42295), S. 42.
413 Glenway Wescott: Images of Truth. Remembrances and Criticism, London 1963, S. 151.
414 Isak Dinesen: Shadows on the Grass, London 1960.
415 Tania Blixen: Schatten wandern übers Gras [1960]. Aus dem Englischen übertragen von W[ilhelm] E[manuel] Süskind, Stuttgart 1986; im folgenden zitiert nach dies.: dass., Stuttgart ⁴1989; hier S. 83.
416 Blixen: «Farah» [1950], in dies.: Schatten, S. 7.
417 Blixen: «Farah», S. 14. «Wildtöter» und «Chingachgook» sind Gestalten aus James Fenimore Coopers «Lederstrumpf»-Zyklus [1823–1841].
418 Vgl. Blixen: Afrika, S. 282. Daß nicht Karen Blixen den Löwen geschossen hat, sondern Denys Finch Hatton, beweist sich durch Karen Blixens Brief an ihre Mutter vom 3. Januar 1928 (vgl. Blixen: Breve II, S. 126).
419 Tania Blixen: «Barua a Soldani» [1942], in dies.: Schatten, S. 58.
420 Blixen: «Barua», S. 59.
421 Nach Langbaum: Gayety, S. 149.
422 Frans Lasson: «Lucifers barn. Efterskrift til tre bøger om Karen Blixen», in Thorkild Bjørnvig: Pakten. Mit venskab med Karen Blixen, Kopenhagen 1974, S. 164–165. Weil den deutschen Lesern der Übersetzung von Bjørnvigs Buch (vgl. Anm. 339) dieses Nachwort kommentarlos vorenthalten wird, müssen sie den Inhalt der Fabelei von «Barua a Soldani» weiterhin für bare Münze nehmen.
423 Else Brundbjerg: «Indlæg i debatten om Bjørnvigs ‹Pakten› og dens efterskrift fremført ved Karen Blixen Selskabets møde den 19. september 1976», in: Blixeniana 1977, S. 145.
424 Nach Thurman: Blixen, S. 617 f.
425 Viggo Kjær Petersen: Pierrot. Erling Schroeder fortæller om Karen Blixen, Kopenhagen 1984, S. 47.
426 John Gielgud (in collaboration with John Miller and John Powell): Gielgud. An Actor and His Time, New York 1979, S. 130.
427 Blixen: «Wiedersehen», S. 256.
428 Cecil Beaton: Self-Portrait with Friends. The Selected Diaries 1926–1974. Edited by Richard Buckle, Harmondsworth 1982 (= Penguin Books), S. 352.
429 Beaton: Self-Portrait, S. 354.
430 Jan Myrdal: «Nachwort des Herausgebers», in August Strindberg: Ein Lesebuch für die niederen Stände. Herausgegeben von Jan Myrdal [1968]. Aus dem Schwedischen übertragen von Paul Baudisch, München 1970 (= Reihe Hanser 49), S. 171.
431 Vgl. Anm. 430.
432 Blixen: «Leidacker», S. 33 f.
433 Finn Stein Larsen: «Signaturens sprog», in ders.: Prosaens mønstre. Nærlæsninger af danske literære prosatekster, Kopenhagen 1971, S. 135.
434 Susanne Fabricius: «Vandrende riddere og knuste kvinder. Om Karen Blixens kvindesyn», in: Kritik 22, 1972, S. 72.
435 Fabricius: «Riddere», S. 79.

436 Anders Westenholz: Den glemte abe. Mand og kvinde hos Karen Blixen, Kopenhagen 1985, S. 7.

437 Marianne Juhl og Bo Hakon Jørgensen: Dianas hævn – to spor i Karen Blixens fortfatterskab [1981], Odense ²1981, S. 65.

438 Ida Zeruneith: «Begivenhedernes midtpunkt – en analyse af Karen Blixens novelle ‹Sorg-Agre›», in: Meddelelser fra Dansklærerforeningen 1977, S. 350.

439 Sigmund Freud: Die Traumdeutung [1900], Frankfurt am Main 1977 (= Fischer Taschenbuch 6344), S. 293.

440 Annelies van Hees: «Karen Blixen og heksene», in: Tijdschrift voor Skandinavistiek 1, 1980, S. 100.

441 van Hees: «Heksene», S. 86.

442 van Hees: «Heksene», S. 99.

443 Tania Blixen: «Eine Festrede am Lagerfeuer, mit vierzehn Jahren Verspätung gehalten» [1953], in dies.: Mottos, S. 240–261.

444 Blixen: «Der alte, wandernde Ritter», S. 80.

445 Blixen: «Der Affe», S. 136.

446 Blixen: «Die Straßen um Pisa», S. 161.

447 Blixen: «Die leere Seite», S. 153.

448 Susan Gubar: «‹The Blank Page› and the Issues of Female Creativity», in: Critical Inquiry 8, 1981, S. 259.

449 Susan Hardy Aiken: Isak Dinesen and the Engendering of Narrative, Chicago and London 1990 (= Women in Cultur and Society), S. 8.

450 Blixen: «Festrede», S. 241.

451 Nach Cederborg: Ungdomsarbejder, S. 40.

452 Thurman: Blixen, S. 116.

453 Blixen-Finecke: «Hævn», S. 331.

454 Jörg von Uthmann: «Edel zwischen Löwen, Elefanten und Flamingos», in: Frankfurter Allgemeine Zeitung vom 16. Januar 1986.

455 Johannes H. Christensen: «Mit Afrika», in: Levende Billeder vom 28. Februar 1986; nach: Out of Africa. Omkring en film af Sydney Pollack. Redigeret af Aage Jørgensen, Aarhus 1988, S. 21.

456 Elisabeth Albertsen: «Out of Africa», in dies.: Das Herz, die Löwengrube. Gedichte, Assenheim 1994 (= Bücherei ‹Der Rüsselspringer› 21), S. 18.

457 Oluf Gandrup: «Karen Blixen superstar. Udkast til en uartig historie», in: Bogens Verden 67, 1985, S. 194.

458 Nach Elsa Gress: «Karen Blixen», in: Danske digtere i det 20. århundrede III. Redigeret af Torben Brostrøm og Mette Winge, Kopenhagen ³1981, S. 17.

459 Shakespeare: «Sommernachtstraum» V:1, S. 277.

Zeittafel

1885	17. April: Karen Christentze Dinesen auf dem nördlich von Kopenhagen am Öresund gelegenen Gutshof Rungstedlund als zweites Kind des Autors Adolph Wilhelm Dinesen und seiner Frau Ingeborg geboren.
1886	25. Juli: Geburt des späteren Ehemannes Bror Frederik Baron von Blixen-Finecke. 13. September: Geburt der Schwester Ellen Alvilde Dinesen.
1887	24. April: Geburt des späteren Liebhabers Denys George Finch Hatton.
1888	April: Adolph Wilhelm Dinesen: «Monsieur l'Abbé».
1889	Boganis, d. i. Adolph Wilhelm Dinesen: «Jagtbreve».
1890–1898	Privatunterricht durch die Mutter und eine Tante.
1891	Erste Darbietung von Märchen und Räuberpistolen.
1892	20. April: Der Vater wird als Parteiloser Mitglied des Parlaments. 9. August: Geburt des Bruders Thomas Fasti Dinesen. Boganis: «Nye Jagtbreve».
1893	Erste schriftstellerische Versuche in Schulheften.
1894	8. Mai: Geburt des Bruders Anders Runsti Dinesen.
1895	28. März: Suizid des Vaters durch Erhängen. [1. Juli: Gründung des Protektorats Britisch-Ostafrika.]
1896	27. Mai: Aufführung des Theaterstückes *Hovmod staar for Fald* (verschollen) durch die Dinesen-Kinder.
1897	Preislied auf die Kalmarer Union (verschollen).
1898	14. Juli: Brand auf Rungstedlund. August – Dezember: Konfirmandenunterricht in Søllerød.
1899	Januar – August: Aufenthalt in Lausanne.
1900	Einquartierung bei der Tante Mary Bess Westenholz.
1901	Besuch einer Haushaltsschule.
1902	Besuch einer privaten Zeichenschule in Kopenhagen.
1903	September: Reise nach Holland.
1904	Verbot der Mutter, Georg Brandes zu begrüßen. Reise nach England. 25. Dezember: ‹Uraufführung› des Theaterstückes *Sandhedens Hævn* auf Rungstedlund.
1904–1906	Besuch der Kunstakademie in Kopenhagen.
1905	August: Reise nach Schottland.
1906	Februar – März: Reise nach England.
1907	Reise nach Schweden. Erste Publikation einer Erzählung, *Eneboerne*, unter dem Pseudonym «Osceola».
1908	August: Reise nach Norwegen.
1909–1910	Unerfüllte Liebe zu Hans Baron von Blixen-Finecke.
1910	März – Juni: Reise nach Frankreich.
1911	Januar: Reise nach Norwegen.

1912	Mai – Juni: Reise nach Italien. 23. Dezember: Verlobung mit Bror Blixen.
1913	24. März: Abfahrt Bror Blixens in das Protektorat Britisch-Ostafrika. 18. April: Ankunft in Nairobi. August: Namens der Karen Coffee Co., Ltd., (KCC) Erwerb der zwanzig Kilometer westlich von Nairobi gelegenen Farm M'bagathi durch Bror Blixen. 2. Dezember: Abfahrt Karen Dinesens nach Afrika.
1914	13. Januar: Reunion mit Bror Blixen vor dem kenianischen Hafen von Kilindini. 14. Januar: Trauung in Mombasa. 15. Januar: Ankunft auf M'bagathi. März: Symptome einer Syphilis-Infektion. Juni–Juli: Auf Safari. [28. Juli: Beginn des Ersten Weltkrieges.]
1915	April: Aufbruch nach Europa zur ärztlichen Behandlung. Krankenhausaufenthalt.
1916	Februar: Reise nach Norwegen. Namens der KCC Erwerb der an M'bagathi grenzenden Farm M'bogani durch Bror Blixen. November: Abfahrt nach Afrika.
1917	26. Januar: Ankunft auf M'bagathi. März: Übersiedlung nach M'bogani. Zunahme von Eheproblemen.
1918	2. Februar: Geburt des späteren Freundes Thorkild Bjørnvig. 5. April: Erste Begegnung mit Denys Finch Hatton. September: Schwerer Reitunfall und Notoperation. November: Erkrankung an der Spanischen Grippe. [11. November: Ende des Ersten Weltkrieges.]
1919	1. Mai: Verpachtung von M'bogani. 14. August: Aufbruch nach Europa. Langwierige Rekonvaleszenz.
1919–1931	Liebesverhältnis mit Denys Finch Hatton.
1920	[1. Juni: Umwandlung des Protektorats Britisch-Ostafrika in die Kronkolonie Kenia.] November: Abfahrt mit dem Bruder Thomas Dinesen nach Afrika. 31. Dezember: Ankunft auf M'bogani.
1921	Januar: Auszug von Bror Blixen. 11. April – 20. Juni: Namens der KCC Inspektion der Farm durch den Onkel Aage Westenholz. 19. Juni: Ernennung Karen Blixens zum «Managing Director» auf M'bogani.
1922	2. Februar: Namens der KCC Entzug von Bror Blixens Hausrecht und Handlungsvollmacht für M'bogani; am selben Tag: Antrag Bror Blixens auf Scheidung. Oktober: Vermutlich Fehlgeburt (nach Schwangerschaft durch Denys Finch Hatton).
1923	24. Januar: Brand auf M'bogani. 2. März: Aufbruch des Bruders Thomas Dinesen nach Europa. Arbeit am Essay *Moderne Ægteskab og andre Betragtninger*. August: Einzug von Denys Finch Hatton auf M'bogani.
1923–1931	Liebesverhältnis zwischen Denys Finch Hatton und Beryl Markham.
1924	Arbeit am Essay *Udenfor Tiden* (unveröffentlicht). 3. November: Ankunft der Mutter und des Bruders Thomas Dinesen auf M'bogani.
1925	13. Januar: Rechtsgültigkeit der Scheidung von Bror Blixen; am selben Tag: Aufbruch der Mutter nach Europa. 5. März: Aufbruch mit dem Bruder nach Europa. Mai: Heimkehr nach Rungstedlund. Krankenhausaufenthalt. 14. Oktober: Erste Begegnung mit Georg Brandes. 25. Dezember: Abfahrt nach Afrika. Gedicht *Ex Africa*.
1926	1. Februar: Ankunft auf M'bogani. Juni: Vermutlich Fehlgeburt (nach Schwangerschaft durch Denys Finch Hatton). Theaterstück *Sandhedens Hævn*.
1927	23. Januar – März: Besuch der Mutter auf M'bogani.
1928	9. November: Der Prince of Wales auf M'bogani.
1929	April: Aufbruch nach Europa. 18. Mai: Heimkehr nach Rungstedlund. Oktober: Besuch bei den Finch Hattons in England. 25. Dezember: Abfahrt nach Afrika.
1930	16. Januar: Ankunft auf M'bogani. 24. Februar: Der Prince of Wales auf M'bogani. April: Auszug von Denys Finch Hatton.
1931	Arbeit an *Seven Gothic Tales*. 4. März: Bescheid der KCC zur Aufgabe von M'bogani. 14. Mai: Tödlicher Flugzeugunfall Denys Finch Hat-

	tons. Juli: Aufbruch nach Europa. 31. August: Heimkehr nach Rung-stedlund. Fortan fast Jahr für Jahr Erkrankungen.
1932	17. August: Zwangsversteigerung von M'bogani. November: Liquidation der KCC.
1933	Abschluß der *Seven Gothic Tales*. Reise nach London.
1934	9. April: Publikation von *Seven Gothic Tales* unter dem Pseudonym «Isak Dinesen». 22. April: Preisgabe des Pseudonyms durch H. Smith & R. Haas. Juli: Reise nach Norwegen. Dezember: Reise nach England.
1935	Fruchtlose Versuche, Italiens Angriff auf Äthiopien als Berichterstatterin zu verfolgen. September – Oktober: Beobachterin beim Völkerbund in Genf. Reise nach London. *Syv fantastiske Fortællinger.*
1936	Viele Krankenhausaufenthalte. Bror Blixen: «Nyama».
1937	*Den afrikanske Farm / Out of Africa.*
1938	Reise nach Schweden. Reise nach London.
1939	27. Januar: Tod der Mutter. [1. September: Beginn des Zweiten Weltkriegs.] Tagea-Brandt-Stipendium.
1940	7. März – 2. April: Aufenthalt in Berlin. [9. April: Besetzung Dänemarks durch die Deutsche Wehrmacht.]
1941	Geldprobleme durch das Ausbleiben von Tantiemen.
1942	*Vinter-Eventyr / Winter's Tales.*
1943	Bror Blixen: «Brev från Afrika».
1944	1. November: Anstellung von Clara Svendsen. *Gengældelsens Veje* (unter dem Pseudonym Pierre Andrézel).
1945	[8. Mai: Kapitulation der Deutschen Wehrmacht.] Fortan fast Jahr für Jahr Krankenhausaufenthalte.
1946	Februar: Operation. 4. März: Tödlicher Autounfall Bror Blixens. *The Angelic Avengers.*
1947	Reise nach London.
1948	März: Erste Begegnung mit Thorkild Bjørnvig. Mai: Reise nach Paris.
1949	Reise nach Venedig. Holberg-Medaille.
1950	24. März: Beginn einer Reihe von Rundfunk-Lesungen. Juni: Reise nach Paris. September: Reise nach Stratford-upon-Avon. Ingenio-et-Arti-Medaille.
1950–1954	Mystische Romanze («Pakt») mit Thorkild Bjørnvig.
1951	3.–26. Mai: Reise nach Griechenland und Italien.
1952	Kritik an Tierversuchen. Schwerer Sturz. «Goldener Lorbeer» des dänischen Buchhändlerverbandes.
1953	Keuchhusten. Alexis Hareng, d. i. Kelvin Lindemann: «En aften i Kolera-Aaret», eine Blixen-Imitation.
1954	März: Reise nach Stockholm. Mai: Reise nach Paris.
1955	August: Operation. H. C.-Andersen-Stipendium.
1956	Februar: Operation. Mai: Reise nach Rom.
1957	Michail Scholochow auf Rungstedlund. November-Dezember: Europareise. Preis des dänischen Verlegerverbandes. Henri-Nathansen-Stipendium. Ehrenmitglied der Amerikanischen Akademie der Künste und Literatur. Korrespondierendes Mitglied der Bayerischen Akademie. *Sidste Fortællinger / Last Tales.*
1958	Truman Capote auf Rungstedlund. 24.–27. Mai: Reise nach Deutschland. 11.–15. Oktober: Reise nach Amsterdam. *Skæbne-Anekdoter / Anecdotes of Destiny.*
1959	2. Januar – 17. April: Reise in die U.S.A. 5. Februar: Mittagessen mit Carson McCullers, Marilyn Monroe und Arthur Miller. Henrik-Pontoppidan-Stipendium.
1959–1960	Modernisierung und Renovierung von Rungstedlund.
1960	*Skygger paa Græsset / Shadows on the Grass.*
1961	25. Juni – 9. Juli: Reise nach Paris.
1962	7. September: Karen Blixen auf Rungstedlund gestorben.

Zeugnisse

Graham Greene
Isak Dinesens Kurzgeschichten, oder besser: Kurzromane haben wie Stevensons ihren Ursprung eher im Phantastischen denn in der Vorstellungskraft; dabei vermitteln sie einem durch ihren lebhaften kunstvollen Stil und die geistreichen verblüffenden Handlungsabläufe dasselbe Gefühl von Freiheit und Ohne-Verantwortung-Sein, das man so gerne empfand, als Prinz Florizel und Oberst Geraldine auf ihrer Flucht vor dem Regen in einer Austernbar am Leicester Square den Eintritt eines jungen Gastes beobachteten, dem zwei Dienstmänner folgten, von denen jeder eine Riesenplatte mit Crèmetorten trug.

«Fiction». 1934

Frederik Schyberg
Die Baronin Blixen-Finecke präsentiert mit der Zuckerzange Perversitäten.

«Isak Dinesen». 1935

Anaïs Nin
Die Erzählung («Die Träumer») machte mir tiefen Eindruck. Sie schien den Schwierigkeiten meines eigenen Lebens eine Lösung anzubieten. Ich ging spazieren, um die Erregung und Begeisterung, die sie in mir entzündet hatte, zu beschwichtigen. Ich hatte das Gefühl, als wüchsen mir meine eigenen Flügel wieder […] und als könnte ich die Fähigkeiten magischer Umstellung und Verkleidung zurückgewinnen.

«Die Tagebücher der Anaïs Nin 1939–1944». 1941

Paul von Lettow-Vorbeck
Sie war eine kluge, hochkultivierte Frau, die später auch eine Anzahl Löwen schoß, und wir haben bis zum Kriege korrespondiert.

«Mein Leben». 1957

Truman Capote
Die Zeit hat sie vergeistigt, diese lebende Legende […]; die Zeit hat sie zu einer Essenz reduziert, so wie eine Weintraube zur Rosine, ein Rosenblatt zu Duftöl werden kann. Man spürt in ihr sofort, selbst wenn man nicht von ihrer Lebensgeschichte wüßte, die außerordentliche, die ungewöhnliche Persönlichkeit.

«Isak Dinesen». 1959

Carson McCullers
Ich habe «Out of Africa» dermaßen oft gelesen und mit einer solchen Leidenschaft, daß seine Autorin zu meiner Seelenfreundin wurde. Und obwohl ich ihr
[vor 1959] nie geschrieben habe oder ihr begegnet bin, war sie doch immer da, um
mich mit ihrer Ruhe, ihrem Gleichmut und mit ihrer Klugheit aufzubauen.

«Isak Dinesen: In Praise of Radiance». 1963

Ernest Hemingway
Sie schrieb wohl das beste Buch über Afrika, das ich je gelesen habe.

«Paris – ein Fest fürs Leben». 1964

Hannah Arendt
Erst als sie verloren hatte, was ihr Leben gewesen war, ihr Heim in Afrika und
ihren Geliebten, erst als sie als vollständiger «Versager» nach Rungstedlund
heimgekehrt war, mit nichts in Händen als Trauer, Sorgen und Erinnerungen,
wurde sie zu der Künstlerin, errang sie jenen «Erfolg», den sie sonst niemals errungen hätte.

«Isak Dinesen 1885–1962». 1968

Jacqueline Bouvier Onassis
«Out of Africa» hat mir immer mehr bedeutet als jedwedes andere Buch.

«Afterword, in Peter Beard: Longing for Darkness». 1975

Ngugi wa Thiong'o
Ich zitiere aus den Werken der Blixen, weil sie keine kolonialistische Kriegsgur-
gel, keine linkische, frustrierte Missions-Jungfer war […]. Nein, sie war eine ge-
bildete Dame mit einiger Urteilskraft. Sie gehört in die Linie der großen Rassi-
sten wie Hume, Trollope, Hegel, Trevor-Roper und all der anderen Hohenprie-
ster der Privilegien, des Rassismus und des Klassendünkels.

«Literatur als Beleidigung». 1978

Siegfried Lenz
Zugegeben: gelegentlich rauscht es ein bißchen vor lauter Brokat, da zeigt es sich,
daß zwar nicht Gefühle altern, aber doch der Ausdruck, den wir unseren Gefühlen geben, und hier und da muß man sich auch über ein angejahrtes Pathos des
Berichtens hinwegbringen. Doch das ändert kaum etwas an dem enormen
Lesevergnügen, das diese Geschichten uns bieten mit ihrem Esprit und ihrer fein
gehämmerten Psychologie.

«Das Schicksal mischt die Karten». 1981

Orson Welles
Wie Joseph Conrad hat sie eine avancierte Version der englischen Sprache ent-
wickelt: eine Variante sui generis, die ein ebenso betörendes Bukett, einen ebenso
unergründlichen und leicht odiösen Abgang besitzt wie der größte aller Weine.

«On aurait du le donner à Isak Dinesen». 1982

Bernhard Glienke
Heute ist sie, wohl oder übel, ein Klassiker.

«Dänische Literatur im 20. Jahrhundert». 1982

Bibliographie

Je weiter sich der Ruhm von Tania Blixen ausgebreitet hat und je länger er andauerte, desto schneller vergrößerte sich die Menge dessen, was in aller Welt zum Leben und zum Werk der Dänin aufgeschrieben wurde. Die Sekundärliteratur ist heute kaum mehr überschaubar. Und auch die Primärliteratur ist nur mit Mühe zu erfassen. Nicht genug damit, daß vieles unter Pseudonym erschien, geben die Übersetzungen selten das Original mit ursprünglichem Inhalt wieder – ganz zu schweigen von umbenannten Neuausgaben, von Auszügen und willkürlichen Textverschnitten. In dieser Situation konzentriert sich das folgende Verzeichnis auf einen Überblick über Karen Blixens Œuvre und nennt dazu nur solche Studien, die in Buchform erschienen. Wer sich für Aufsätze, Essays und Zeitungsartikel interessiert, wird auf die in der Rubrik 2 angeführten Bibliographien verwiesen.

1. Nachlaß

Der Nachlaß der Schriftstellerin – sowohl der persönliche als auch der literarische – wird zu weiten Teilen aufbewahrt und verwaltet in Karen Blixen Museet, Rungstedlund, Rungsted Strandvej 111, DK-2960 Rungsted Kyst; beziehungsweise in Karen Blixen arkivet, Det Kongelige Bibliotek, Christians Brygge 8, DK-1219 København K.

2. Bibliographien

Dahl, Svend: «Blixen-Finecke, Karen (Tanne) Christence» in: Dansk skønlitterært forfatterleksikon 1990–1950 I (A–H) Kopenhagen 1959, S. 133–135.
With, Mogens K[lenow]: «Bibliografi», in: Merete Klenow With: Karen Blixen. Et udvalg, Kopenhagen 1964, S. 240–250.
Gesamtverzeichnis des deutschsprachigen Schrifttums (GV) 1911–1965 XV, hg. von Reinhard Oberschelp, München 1976, S. 308–310.
Henriksen, Liselotte: Karen Blixen. En bibliografi / Isak Dinesen. A Bibliography, Kopenhagen 1977.
Henriksen, Liselotte: Karen Blixen. En håndbog. Med forord af Frans Lasson, Kopenhagen 1988.
Jørgensen, Aage: Litteratur om Karen Blixen. En bibliografi, Aarhus 1993.

3. Das Œuvre

3.1 Gesamtausgaben

Karen Blixen Mindeudgave I–VII. Redigeret af Steen Eiler Rasmussen, Kopenhagen 1964.

3.2 Hauptwerke

Dinesen, Isak: Seven Gothic Tales. With an introduction by Dorothy Canfield, New York 1934; London 1934. (Dänische Ausgabe: Isak Dinesen: Syv fantastiske Fortællinger, Kopenhagen 1935).
Blixen, Karen: Den afrikanske Farm, Kopenhagen 1937. (Englischsprachige Ausgaben: Karen Blixen: Out of Africa, London 1937; Isak Dinesen: Out of Africa, New York 1938).
Blixen, Karen: Vinter-Eventyr, Kopenhagen 1942. (Englischsprachige Ausgaben: Isak Dinesen: Winter's Tales, London 1942; New York 1942).
Andrézel, Pierre: Gengældelsens Veje. Paa dansk ved Clara Svendsen, Kopenhagen 1944. (Englischsprachige Ausgaben: Pierre Andrézel: The Angelic Avengers, London 1946; New York 1947).
Blixen, Karen: Sidste Fortællinger, Kopenhagen 1957. (Englischsprachige Ausgaben: Isak Dinesen: Last Tales, London 1957; New York 1957.)
Blixen, Karen: Skæbne-Anekdoter, Kopenhagen 1958. (Englischsprachige Ausgaben: Isak Dinesen: Anecdotes of Destiny, London 1958; New York 1958.)
Blixen, Karen: Skygger paa Græsset, Kopenhagen 1960. (Englischsprachige Ausgaben: Isak Dinesen: Shadows on the Grass, London 1960; New York 1961).
Osceola. Redigeret af Clara Svendsen, Kopenhagen 1962 (= Gyldendals Julebog 1962).
Blixen, Karen: Ehrengard. Oversat af Clara Svendsen, Kopenhagen 1963. (Englischsprachige Ausgaben: Isak Dinesen: Ehrengard, New York 1963; London 1963.)
Blixen, Karen: Essays, Kopenhagen 1965; die zweite, erweiterte Auflage erschien unter dem Titel: Mit livs mottoer og andre essays, Kopenhagen 1978; die dritte, nochmals erweiterte Fassung trug schließlich die Aufschrift: Samlede essays, Kopenhagen 1985. (Englischsprachige Ausgabe: Isak Dinesen: Daguerreotypes and Other Essays. Foreword by Hannah Arendt. Translated by Phillip Marshall Mitchell and William Doremus Paden, Chicago and London 1979).
Karen Blixens Tegninger. Med to essays af Karen Blixen. Udgivet og indledet af Frans Lasson, ohne Ortsangabe [Kopenhagen] 1969.
Blixen, Karen: Efterladte Fortællinger. Udgivet af Frans Lasson, Kopenhagen 1975; eine zweite, erweiterte Auflage erschien unter dem Titel: Kongesønnerne og andre efterladte fortællinger, Kopenhagen 1985 (Englischsprachige Ausgabe: Isak Dinesen: Carnival. Entertainments and Posthumous Tales. Translated by Phillip Marshall Mitchell and William Doremus Paden, Chicago and London 1977.)

3.3 Texte außerhalb der Hauptwerke

3.3.1. Poetische Arbeiten

Blixen-Finecke, Karen: «Sandhedens Hævn. En Marionetkomedie», in: Tilskueren 43 (1926), S. 329–344.
Blixen-Finecke, Karen: «Til Moder paa hendes 80 Aars Fødselsdag den 5. Maj 1936», in Erik Clemmesen: Rungstedlund – en Have, Kopenhagen 1941, ohne Seitenzählung.

Blixen-Finecke, Karen: «Søster Barbara og Ngaia», in: Julekærten 1943, S. 12–13, S. 17 und S. 33.
Blixen, Karen: «Hellige Smerte, Moder til al Glæde», in: Karen Blixen. En digterskæbne i billeder. Samlet og redigeret af Frans Lasson. Med tekst af Clara Svendsen, Kopenhagen 1969, S. 46–47.
Blixen, Karen: «Brudeparret ventes», in: Blixeniana 1981, S. 13–42.
Blixen, Karen: «Til hestene på Wedellsborg», in: Blixeniana 1981, S. 114.
Blixen, Karen: «Kongesønnerne», in: Blixeniana 1978, S. 14–27.
Blixen, Karen: «Ungdomsarbejder». Et udvalg ved Else Cederborg, in: Blixeniana 1983, S. 49–217.

3.3.2 Nicht-poetische Arbeiten

Blixen, Karen: «Rungstedlunds Lyksalighed. Tale holdt ved en Sommerfest i Lunden 11. juni [muß heißen: juli] 1943», in: Det Danske Akademi 1960–1967, Kopenhagen 1967, S. 241–247.
Blixen Finecke, Karen: «Om Pseudonymer og ‹Gengældelsens Veje›», in: Berlingske Aftenavis vom 23. November 1944.
Blixen, Karen: «Pseudonym är ikke noget Bedrag, det er en Maske», in: Nationaltidende vom 24. November 1944.
Blixen, Karen: «Hartvig Frisch som Nabo», in: Berlingske Aftenavis vom 29. November 1950.
Blixen, Karen: «Karen Blixens Tale på Aarhus Universitet den 23.4.1951», in: Dyrets Ret 1951, S. 6–8.
Blixen, Karen: «Halldor Laxness 50 år», in: Land & Folk vom 23. April 1952.
Blixen, Karen: «Omkring den nye lov om dyreforsøg», in: Politiken vom 29. November 1952.
Blixen, Karen: «Mere om redelig Adfærd», in: Politiken vom 13. Dezember 1952.
Blixen Finecke, Karen: «Om Mentalitet», in: Berlingske Tidende vom 25. November 1954.
Dinesen, Isak: «Sacheverell Sitwell: Denmark, London 1956», in: The Times vom 6. Mai 1956.
Blixen, Karen: «Forord» / «Preface», in: Viften. The Fan, (= Udstilling Ny Kongensgade 1 til Fordel for Selskabet til Haandarbejdets Fremme), Kopenhagen 1957, S. 7–9 / S. 10–12.
Blixen, Karen: «Rungstedlund» [6. Juli 1958], in: Karen Blixen, Finn Salomonsen og Carl Syrach Larsen: Karen Blixen og Fuglene, Kopenhagen 1964, S. 15–37.
Blixen, Karen: «En demonstration for det frie ord», in: Information vom 23. Oktober 1958.
Blixen, Karen: «Glæden ved at være stærk er i mig», in: Gyldendal Avisen 1 (1960), S. 1 und S. 10.
Blixen, Karen: «Til Nils» [2. Oktober 1960], in: Søndags-BT 52 (1973), S. 56–57.
Blixen, Karen: «Forord», in: Truman Capote: Holly. En roman og tre noveller [1958]. På dansk ved Frank Jæger, Kopenhagen 1960, S. 7–9.
Dinesen, Isak: «Introduction», in: Olive Schreiner: The Story of an African Farm [1883], New York 1961, S. v–xii.
Dinesen, Isak: «Andersen's Tales. An Introduction», in: Hans Christian Andersen: Thumbelina and Other Fairy Tales [1835]. Translated by N. N., New York/London 1962, S. 3–5.
Blixen, Karen: «Forord», in: Basil Davidson: Det genfundne Afrika. Historien om Afrikas glemte fortid [1959]. På dansk ved Else Glahn, Kopenhagen 1962, S. 9–13.

3.3.3 Interviews

Blixen-Finecke, Karen & N. N.: «Interview med Baronesse Blixen-Finecke (Isak Dinesen?)», in: Berlingske Tidende vom 30. April 1934.
Blixen Finecke, Karen Christentze & Vidi [das ist Johannes Jacobsen]: «Den hem-

melighedsfulde Forfatterinde aabner for sin Hemmelighed», in: Politiken vom 1. Mai 1934.

Blixen-Finecke, Karen & Gunver Federspiel: «Hvorfor er Folk saa bekymrede? Hvorfor denne Angst for Livet?», in: Hus og Frue vom 8. Oktober 1937.

Blixen-Finecke, Karen v[on] & Hans Erman: «In Berlin traf ein: Karen v. Blixen-Finecke aus Kopenhagen», in: Völkischer Beobachter vom 5. April 1940.

Blixen, Karen & Jørgen Sandvad: «‹Vi elsker det primitive og ødelægger det selv›», in: Politiken vom 8. Oktober 1942.

Cleemann, Annamarie: «Karen Blixen fortæller», in: Samleren 19 (1942), S. 33–35.

Blixen, Karen & Kelvin Lindemann: «Karen Blixen havde gamle Holberg med i Afrika...!», in: Nationaltidende vom 4. Dezember 1949.

Blixen, Karen & E[iler] Chr[istian] R. Bernhardsen: «Karen Blixen retter hvast angreb mod videnskaben», in: Information vom 13. November 1954.

Dinesen, Isak & Eugene Walter: «Isak Dinesen (= The Art of Fiction XIV)», in: The Paris Review 14 (1956), S. 43–59.

Blixen-Finecke, Karen & Hans Andersen: «En Vintersamtale med Isak Dinesen og Løvinden fra Afrika», in: Fyns Tidende vom 1. Januar 1957.

Blixen, Karen & Helge Christensen: «‹Inspiration den højeste lykke, der er til›, siger baronesse Karen Blixen», in: Berlingske Tidende vom 1. Januar 1957.

Blixen, Karen & Jul[ius] Bomholt, Svend Johansen, Jørgen Sandvad, Ole Wivel: «Jeg har altid været forelsket...», in: Politiken vom 27. Oktober 1957.

Dinesen, Isak & Bent Mohn [das ist – nur hier! – Karen Blixen]: «Talk with Isak Dinesen», in: The New York Times Book Review vom 3. November 1957.

Blixen, Tania & Ingeborg Brandt: «Schreiben ist eigentlich unfein», in: Die Welt vom 30. Mai 1958.

Blixen, Karen & Hans Andersen: «Jeg har engageret mig som nogen dansk forfatter», in: Fyns Tidende vom 27. Juli 1958.

Blixen, Karen & Niels Birger Wamberg: «Jeg tror slet ikke jeg kunne have levet uden Shakespeare» [1960], unter dem Titel «Karen Blixen» in Niels Birger Wamberg: Samtaler med danske digtere, Kopenhagen 1968, S. 40–48.

Blixen, Karen & Jørgen Sandvad: «Måneskinssværmeri i Paris for 50 år siden – da de var 20 år», in: Politiken vom 22. April 1962.

Gillès, Daniel: «Karen Blixen ou la Pharaonne de Rungstedlund», in: Revue Générale Belge 99 (1963), S. 49–59.

3.4 Deutsche Ausgaben

3.4.1 Hauptwerke

Blixen, Tania: Die Sintflut von Norderney und andere seltsame Geschichten. Aus dem Englischen übertragen von Martin Lang und W[ilhelm] E[manuel] Süskind, Stuttgart 1937. Die in dieser Blütenlese fehlenden Geschichten «Der alte, wandernde Ritter» und «Der Affe» erschienen zusammen mit «Die Wege um Pisa» und «Ein Familientreffen in Helsingör» unter dem Titel: Phantastische Erzählungen. Aus dem Dänischen übertragen von Thyra Dohrenburg, Reinbek bei Hamburg 1962 (= rororo 490). Die vollständige Ausgabe hieß schließlich: Sieben phantastische Geschichten. Ins Deutsche übertragen von Thyra Dohrenburg, Martin Lang und W[ilhelm] E[manuel] Süskind, Stuttgart 1979; ²1987. Hiermit identische Taschenbuchausgabe: Reinbek bei Hamburg 1982; ⁹1993 (= rororo 5006).

Blixen, Tania: Afrika, dunkel lockende Welt. Aus dem Englischen übertragen von Rudolf von Scholtz, Stuttgart 1938. Neuere Ausgaben: Reinbek bei Hamburg 1954; ¹⁰1985 (= rororo 133); Stuttgart 1954; sowie mit einem Nachwort von Jürg Glauser, Zürich 1986 (= Manesse Bibliothek der Weltliteratur). Hiermit identische Taschenbuchausgabe unter dem Titel: Jenseits von Afrika. «Afrika, dunkel lockende Welt», München 1993; ¹⁵1995 (= Heyne-Buch 01/8390) – a l l e diese Ausgaben sind gegenüber dem Original gekürzt! Vollständige Neuübersetzung unter dem Titel: Die afrikanische Farm. Aus dem Dänischen übertragen von Gisela Perlet, Rostock 1989; [2]1990.

Blixen, Tania: Kamingeschichten. Aus dem Dänischen übertragen von Thyra Dohrenburg, Hamburg 1958; [4]1963 (= rororo 250). Die in dieser Sammlung fehlenden Erzählungen «Der junge Mann mit der Nelke», «Die Geschichte des Schiffsjungen», «Die unbezwingbaren Sklavenhalter» und «Das träumende Kind» wurden nachgeliefert in: Wintergeschichten. Aus dem Englischen übertragen von Jürgen Schweier, Stuttgart 1985; [2]1986. Hiermit identische Taschenbuchausgabe: Reinbek bei Hamburg 1988; [7]1994 (= rororo 5951).

Andrézel, Pierre: Die Rache der Engel. Roman. Aus dem Dänischen übertragen von Thyra Dohrenburg, Hamburg 1959 (= rororo 319). Neue Ausgabe: Karen Blixen: Die Rache der Engel. Aus dem Dänischen übertragen von Thyra Dohrenburg, Stuttgart 1990. Hiermit identische Taschenbuchausgabe: Reinbek bei Hamburg 1992; [2]1993 (= rororo 12630).

Blixen, Tania: Widerhall. Letzte Erzählungen. Aus dem Englischen übertragen von Wolfheinrich von der Mülbe und W[ilhelm] E[manuel] Süskind, Stuttgart 1959, [2]1960; München 1968 (= dtv 468). Die in dieser Ausgabe fehlenden Geschichten «Von verborgenen Gedanken und vom Himmel», «Die leere Seite» und «Die Karyatiden» wurden nachgeliefert in: Letzte Erzählungen. Aus dem Englischen übertragen von Wolfheinrich von der Mülbe, Barbara Henninges und W[ilhelm] E[manuel] Süskind. Mit einem Nachwort von Eckart Klessmann, Zürich 1985 (= Manesse Bibliothek der Weltliteratur).

Blixen, Tania: Schicksalsanekdoten. Aus dem Englischen übertragen von W[ilhelm] E[manuel] Süskind, Frankfurt am Main 1960. Neue Ausgabe: Stuttgart 1982, [2]1987. Hiermit identische Taschenbuchausgabe: Reinbek bei Hamburg 1984; [10]1993 (= rororo 5421).

Blixen, Tania: Schatten wandern übers Gras. Aus dem Englischen übertragen von W[ilhelm] E[manuel] Süskind, Frankfurt am Main 1961. Neue Ausgabe: Stuttgart 1986; [4]1989. Hiermit identische Taschenbuchausgabe: Reinbek bei Hamburg 1992 (= rororo 13029).

Blixen, Tania: Ehrengard. Aus dem Englischen übertragen von Fritz Lorch, Frankfurt am Main 1965. Neue Ausgabe mit einem Nachwort von Brigitte Kronauer: Frankfurt am Main 1986; [2]1988 (= Bibliothek Suhrkamp 917); 1990 (= suhrkamp taschenbuch 1770); 1991 (= suhrkamp taschenbuch [= «Auf eigenen Wegen»] 1906).

Blixen, Tania: Gespensterpferde. Nachgelassene Erzählungen. Aus dem Dänischen übertragen von Ursula Gunsilius; Rostock 1982 – es fehlen die Geschichten «Karneval» und «Anna»; dafür wurden «Die Einsiedler» und «Gespensterpferde» hinzugefügt. Neue Ausgabe: Stuttgart 1984; [2]1987. Hiermit identische Taschenbuchausgabe: Reinbek bei Hamburg 1986; [8]1995 (rororo 5711).

Blixen, Tania: Briefe aus Afrika 1914–1931 [= gegenüber dem Original gekürzte Fassung]. Herausgegeben und eingeleitet von Frans Lasson. Aus dem Dänischen übertragen von Sigrid Daub, Stuttgart 1988. Hiermit identische Taschenbuchausgabe: Reinbek bei Hamburg 1993 (= rororo 13224).

Blixen, Tania: Mottos meines Lebens. Betrachtungen aus drei Jahrzehnten. Aus dem Dänischen übertragen von Sigrid Daub, Walter Boehlich, Hanns Grössel und Hans Hjort. Mit einem Vorwort von Sigrid Daub, Stuttgart 1991. Hiermit identische Taschenbuchausgabe: Reinbek bei Hamburg 1993 (= rororo 13190).

Blixen, Tania: Karneval. Erzählungen aus dem Nachlaß. Herausgegeben und aus dem Dänischen übertragen von Ursula Gunsilius, Stuttgart 1995 – hier finden sich unter anderem «Der Pflüger» von 1907 [!] sowie die in «Gespensterpferde» fehlenden Geschichten «Karneval» und «Anna»; dafür ist die in Dänemark längst veröffentlichte Erzählung «Das Brautpaar wird erwartet» nicht enthalten. Und nur einer beiläufigen Bemerkung im Nachwort der Herausgeberin ist zu entnehmen, daß der Wiedergabe der in Deutschland bereits sattsam publizierten Novelle «Ehrengard» nicht – wie das Titelblatt suggeriert – eine somit neue Übersetzung von Ursula Gunsilius zugrunde liegt, sondern die von Fritz Lorch aus dem Jahre 1965.

3.4.2. Texte außerhalb der Hauptwerke

3.4.2.1 Poetische Arbeiten

Blixen, Tania: Die Straßen um Pisa. Aus dem Englischen übertragen von Martin Lang, Stuttgart 1951; sowie Zürich 1995 (= Manesse Bücherei 55).
Blixen, Tania: Die Rache der Wahrheit. Eine Marionettenkomödie. Aus dem Dänischen übertragen von Thyra Dohrenburg (= Hörspiel des Hessischen Rundfunks in Frankfurt am Main). Bearbeitung: Christine von Kohl. Regie: Ludwig Cremer. Spieldauer: 53' 35". Erstsendung: 26. Dezember 1960. Archivnummer: 93043/93044.
Blixen, Tania: Die unsterbliche Geschichte. Erzählung. Aus dem Englischen übertragen von W[ilhelm] E[manuel] Süskind, München 1965 (= Piper-Bücherei 210). Neue Ausgabe mit einem Essay von Siegfried Lenz: Zürich 1993 (= Manesse Bücherei 50).
Blixen, Tania: Babettes Gastmahl. Aus dem Englischen übertragen von W[ilhelm] E[manuel] Süskind, Frankfurt am Main 1976 (= Bibliothek Suhrkamp 480). Neue Ausgabe unter dem Titel: Babettes Fest. Aus dem Englischen von W[ilhelm] E[manuel] Süskind, Zürich 1989 (= Manesse Bücherei 25).
Blixen, Tania: Stürme. Erzählung. Aus dem Englischen übertragen von W[ilhelm] E[manuel] Süskind, Reinbek bei Hamburg 1996 (= 50 Jahre Rowohlt Rotations Romane).

3.4.2.2 Nichtpoetische Arbeiten

Blixen, Tania: Moderne Ehe und andere Betrachtungen. Aus dem Dänischen übertragen von Walter Boehlich. Mit einem Nachwort von Hanns Grössel, Frankfurt am Main 1987 (= Bibliothek Suhrkamp 886). Hiermit identische Taschenbuchausgabe: Frankfurt am Main 1992 (= suhrkamp taschenbuch 1971).

4. Briefe

Blixen, Karen: Breve fra Afrika 1914–31 I–II. Udgivet af Frans Lasson, Kopenhagen 1978.
Karen Blixen i Danmark. Breve 1931–62. Udgivet af Frans Lasson og Tom Engelbrecht, Kopenhagen 1996.

5. Sekundärliteratur

5.1 Gesamtdarstellungen

Brix, Hans: Karen Blixens Eventyr. Med en Excurs om Pierre Andrézel, Kopenhagen 1949.
Henriksen, Aage: Karen Blixen og Marionetterne, Kopenhagen 1952.
Nielsen, Harald: Karen Blixen. Studie i litterær Mystik, Kopenhagen 1956.
Grandjean, Louis E[ugene]: Blixens animus. Et åndsorienteret forsøg, Kopenhagen 1957.
Johannesson, Eric O.: The World of Isak Dinesen, Seattle 1961.
Langbaum, Robert: The Gayety of Vision. A Study of Isak Dinesen's Art, New York 1965.
Migel, Parmenia: Titania. The biography of Isak Dinesen, New York 1967.
Kabell, Aage: Karen Blixen debuterer, München 1968.

Lasson, Frans – Clara Selborn: Tania Blixen. Ihr Leben in Dänemark und Afrika. Eine Bildbiographie [1969]. Aus dem Dänischen übertragen von Jón Laxdal, Stuttgart 1987.

Whissen, Thomas R[eed]: Isak Dinesen as Critic. A study of the critical principles contained in her major works. Diss. Cincinnati 1969.

Hannah, Donald: «Isak Dinesen» and Karen Blixen. The Mask and The Reality, New York 1971.

Whissen, Thomas R[eed]: Isak Dinesen's Aesthetics, Port Washington – London 1973.

Selborn, Clara: Die Herrin von Rungstedlund. Erinnerungen an meine Zeit mit Tania Blixen [1974]. Aus dem Dänischen übertragen von Sigrid Daub, Stuttgart 1993. Taschenbuchausgabe: Reinbek bei Hamburg 1995 (= rororo 13727).

Bjørnvig, Thorkild: Der Pakt. Meine Freundschaft mit Tania Blixen [1974; 1985]. Aus dem Dänischen übertragen von Gabriele Gerecke, Frankfurt am Main und Leipzig 1993.

Dinesen, Thomas: Tanne. Min søster Karen Blixen, Kopenhagen 1974.

Schröder, Vibeke: Selvrealisation og selvfortolkning i Karen Blixens forfatterskab, Kopenhagen 1979.

Albeck, Ulla: Om Karen Blixens «Kappen», Kopenhagen 1981 (= Universitets-Jubilæets danske Samfunds skriftserie 482).

Juhl, Marianne og Bo Hakon Jørgensen: Dianas hævn – to spor i Karen Blixens fortfatterskab, Odense 1981.

Bondesson, Pia: Karen Blixens bogsamling på Rungstedlund. En katalog, Kopenhagen 1982.

Thurman, Judith: Tania Blixen. Ihr Leben und Werk [1982]. Aus dem Amerikanischen übertragen von Barbara Henninges und Margarete Längsfeld, Stuttgart 1989. Taschenbuchausgabe: Reinbek bei Hamburg 1991 (= rororo 13007).

Westenholz, Anders: Kraftens horn. Myte og virkelighed i Karen Blixens liv, Kopenhagen 1982.

Rasmussen, Tove: Karen Blixen som jeg kendte hende 1932–1962, Sakskøbing 1983.

Henriksen, Aage: De ubændige. Om Ibsen – Blixen – hverdagens virkelighed – det ubevidste, Kopenhagen 1984.

Kjær Petersen, Viggo: Pierrot. Erling Schroeder fortæller om Karen Blixen, Kopenhagen 1984.

Andrup, Birthe: Kære Baronesse, Charlottenlund 1985.

Brundbjerg, Else: Kvinden Kætteren Kunstneren Karen Blixen, Kopenhagen ohne Jahr [1985].

Holmberg, Hans: Blixen og bøgerne, Kopenhagen 1985.

Westenholz, Anders: Den glemte abe. Mand og kvinde hos Karen Blixen, Kopenhagen 1985.

Glienke, Bernhard: Fatale Präzedenz. Karen Blixens Mythologie, Neumünster 1986 (= Skandinavistische Studien 18).

Holmberg, Hans: Glæde over Danmark II. Om Karen Blixen, Kristianstad 1986 (= Idé – debatt – kunskapsutveckling).

Laloux, Micheline: Karen Blixen. L'Afrique au cœur. Essai biographique, Paris 1986.

Ahrens, Helmut: Die afrikanischen Jahre der Tania Blixen. Eine biographische Skizze, Düsseldorf 1987.

Bjerring, Peter Hjorth S.: Karen Blixen – Ansigt til Ansigt med Gud. Om livssyn, verdensbillede og diverse hemmeligheder i Karen Blixens liv og fortfatterskab, Kopenhagen 1987.

Marquart Scholtz, Antonine M. L.: De waarheid van Karen Blixen, Baarn 1987.

Mønster, Lars: Løvinder. Tre kvinnoportrætter hos Karen Blixen, Viby J. 1987.

Wivel, Ole: Karen Blixen – et uafsluttet selvopgør [1987], Kopenhagen ³1989.

Hjorth-Moritzsen, Alf: Karen Blixen og Rungstedlund, Kopenhagen – Oslo 1988.

Stambaugh, Sara: The Witch and the Goddess in the Stories of Isak Dinesen. A Feminist Reading, Ann Arbor – London 1988.

154

Bebber, Mikael: Karen Blixens Natursyn, Kopenhagen 1989.
Aiken, Susan Hardy: Isak Dinesen and the Engendering of Narrative, Chicago and London 1990 (= Women in Culture and Society).
Hees, Annelies van: The Ambivalent Venus. Women in Isak Dinesen's Tales, Minneapolis 1991 (= The Nordic Roundtable Papers 8).
Rasmussen, Inge Lise: Om at flyve og at drømme. En bog om Karen Blixen, Kopenhagen 1994.
Donelson, Linda: Out of Isak Dinesen in Africa. The Untold Story, Iowa City 1995.
Holmberg, Hans: Ingen skygge uden Lys. Oversat af Ursula Baum Hansen, Kopenhagen 1995.
Pahuus, Mogens: Karen Blixens livsfilosofi. En fortolkning af forfatterskabet, Aalborg 1995.
Donelson, Linda: Out of Isak Dinesen in Africa. The untold story, Iowa City (Iowa), 1995.
Holmberg, Hans: Ingen skygge uden lys. Om livets veye og kunstens i nogle fortællinger af Karen Blixen, Kopenhagen 1995.
Karen Blixen – Out of Denmark. Papers from a colloquium at the Karen Blixen Museum, April 1997, Rungstedlund 1997.
Hagerfors, Lennart: Drömmen om Ngong. En roman om Bror Blixen, Stockholm 1998.
Klünder, Ute: «Ich werde ein große Kunstwerk schaffen …». Eine Untersuchung zum literarischen Grenzgängertum der zweisprachigen Dichterin Isak Dinesen/Karen Blixen, Göttingen 2000.

5.2 Essaybände

Henriksen, Aage: Guder og galgefugle. To essays om Karen Blixen, Oslo 1956.
Rosendahl, Johannes: Karen Blixen. (Fire Foredrag [1957]), Kopenhagen 1968 (= Gyldendals Uglebøger).
Karen Blixen. Redigeret af Clara Svendsen og Ole Wivel, Kopenhagen 1962.
Henriksen, Aage: Det guddommelige barn og andre essays om Karen Blixen [1965], Kopenhagen 1970 (= Gyldendals Uglebøger).
Isak Dinesen, Storyteller. Edited by Aage Jørgensen, Aarhus 1972.
Blixeniana. Redigeret af Hans Andersen og Frans Lasson, Kopenhagen 1976–1985.
Rasmussen, Steen Eiler et alii: Karen Blixens Blomster. Natur og Kunst på Rungstedlund [1983], Kopenhagen ² 1993.
Warnberg, Bodil (Hg.): Blixen, Christensen und andere dänische Dichterinnen [1985]. Aus dem Dänischen übertragen von Ursula Schmalbruch, Münster 1988.
Isak Dinesen and Narrativity. A Reassessment for the 1990's. Edited by Gurli Aagaard Woods, Ottawa 1993 (= TADAC Papers/Cahiers TADAC 3).
Karen Blixen på Rungstedlund. Redigeret af Frans Lasson; Kopenhagen 1994.

Namenregister

Die kursiv gesetzten Zahlen bezeichnen die Abbildungen

157

Danksagung

Wer sich bei dem Ritt auf Karen Blixens Hexenbesen nicht verirren will, braucht Helfer, die ihm Orientierung geben.

Die meinen waren Professor Dr. Leif Ludwig Albertsen, Aarhus Universitet (Århus); Dagmar Backes, Vogue (Frankfurt am Main); Marianne Wirenfeldt Asmussen, Karen Blixen Museet (Rungstedlund); Jan Blixen Finecke (Näsbyholm); Ed Brennan, Brennan Books (Salt Lake City, Utah); Else Brundbjerg (Hellerup); Gerhard Busch, Foto-Club Birstein (Birstein); Dr. Karl Corino, Hessischer Rundfunk (Frankfurt am Main); Chefsbibliotekarie Åke Erlandsson, Svenska Akademiens Nobelbibliotek (Stockholm); Professor Dr. Evelyn S. Firchow, University of Minnesota (Minneapolis); Claus Gebhardt (Birstein); Markus Geigle (Starnberg); Dr. Hanns Grössel, Westdeutscher Rundfunk (Köln); Professor Dr. Otto Holzapfel, Deutsches Volksliedarchiv (Freiburg); Wolfgang Jurk, Radio Bremen (Bremen); Lektor Aage Jørgensen (Mårslet); Josef Kempf, Stadt- und Universitätsbibliothek (Frankfurt am Main); Dr. Beatrice LaFarge, Institut für Skandinavistik (Frankfurt am Main); Vibeke Mogensen, Kaabers Antikvariat (Kopenhagen); Professor Dr. Helmut Müssener, Stockholms universitet (Uppsala); Dr. Uwe Naumann, Rowohlt Taschenbuch Verlag (Reinbek); Ojvind Roed Nielsen, Landsarkivet for Sjælland, Lolland-Falster og Bornholm (Kopenhagen); Professor Dr. Allan Philip (Kopenhagen); Alan Posener (Berlin-Steglitz); Hans-Peter Reichmann, Deutsches Filmmuseum (Frankfurt am Main); Hardy Rodenstock (München); Dr. Klaus Rossenbeck, Lunds universitet (Lund); Professor Dr. Jörg Salaquarda, Universität Wien (Wien); Clara Selborn (Dragør); Brigitte Storm, Kongelig Dansk Ambassade (Nairobi); Eleni Tavopoulos, Stadt- und Universitätsbibliothek (Frankfurt am Main); Jacob Thomsen, Det Kongelige Bibliotek (Kopenhagen); Andrea Wölbing, Stadt- und Universitätsbibliothek (Frankfurt am Main).

Ihnen allen danke ich von Herzen.

Mein besonderer Dank aber gilt Rungstedlundfonden und Det Danske Akademi, die meiner Frau und mir gestattet haben, im Frühjahr 1994 eine Woche lang im Haus Karen Blixens zu wohnen. Die Abende, an denen wir ungestört von jedermann die Atmosphäre – und den milden Hyazinthenduft – der Räume dort genießen konnten und manches Mal meinten, die Gegenwart der «Herrin von Rungstedlund» zu spüren, werden wir nicht vergessen.

Über den Autor

Detlef Brennecke, geboren 1944, wuchs in Berlin-Charlottenburg auf. Nach dem Besuch des humanistischen Gymnasiums studierte er in Frankfurt am Main Skandinavistik, Germanistik und Anglistik. 1972 wurde er zum Dr. phil. promoviert, 1977 zum Dozenten für Skandinavistik berufen und 1980 zum Professor ernannt. Heute lebt er als Kritiker und Sachbuchautor in Birstein im Vogelsberg.

Zuletzt erschienen von ihm: «Sven Hedin» (Reinbek 1986; Stockholm 1987), «Emil Stumpp – ein Zeichner seiner Zeit» (Bonn-Bad Godesberg 1988), «Von Strindberg bis Lars Gustafsson» (Frankfurt am Main 1989), «Fridtjof Nansen» (Reinbek 1990), «Von Tegnér bis Tranströmer» (Frankfurt am Main 1991) und «Roald Amundsen» (Reinbek 1995). 1988 wurde er von der Schwedischen Akademie mit dem Übersetzerpreis der Stiftung «Natur und Kultur» ausgezeichnet.

Quellennachweis der Abbildungen

Det Kongelige Bibliotek, Kopenhagen – Karen Blixen arkivet: 2 (Foto Rie Nissen), 6 (Foto Rie Nissen), 14 (Foto N. E. Sinding), 16, 17 (Foto Georg E. Hansen), 23, 28, 30 (Foto Juncker-Jensen), 37, 40, 48, 51, 53 (Foto Thomas Dinesen), 71, 76, 77, 91, 92 (2), 107, 109; Håndskriftafdeling: 43 (Foto Thomas Dinesen), 50, 58/59 (Foto Thomas Dinesen), 73, 111

Aus: Dänemark. Ein offizielles Handbuch. Hg. von der Presse- und Kulturabteilung des Dänischen Ministeriums des Äußern, Kopenhagen ¹⁴1971: 11

Det Nationalhistoriske Museum på Frederiksborg, Hillerød: 21, 96

Aus: Blixeniana, Karen Blixen Selskabet/Rungstedlundfonden, Kopenhagen 1979: 27 (Foto Mary Bess Westenholz); 1980: 64 (Foto Reimert Kehlet); 1976: 101

Aus: General von Lettow-Vorbeck: Mein Leben, Biberach a. d. Riß 1957: 32

Aus: Elspeth Huxley: White Man's Country 2, London 1935 [modifiziert]: 33

Aus: Ulf Aschan: Baron Blixen, Malmö 1986: 41, 55

Aus: Karen Blixen: Breve fra Afrika 1914–24. Udgivet af F. Lasson, Kopenhagen ²1978: 44 (Foto Thomas Dinesen)

Privatsammlung Dr. Detlef Brennecke, Birstein: 62, 69, 89 (2), 98, 124 (Fotos Detlef Brennecke); 65 (Foto Gerhard Busch)

Aus: Clara Selborn: Notater om Karen Blixen, Kopenhagen ²1988: 81 (Foto Rie Nissen)

Aus: Gyldendal og Politikens Danmarkshistorie XIII, Kopenhagen 1991: 83 (Nordisk Pressefoto), 86 (Arbejderbevægelsens Bibliotek og Arkiv, Kopenhagen)

Aus: Pia Bondesson: Karen Blixens bogsamling, Kopenhagen 1982: 85

dpa Bildarchiv, Hamburg: 93 (2)

Stiftung Deutsche Kinemathek, Berlin: 103

Karen Blixen Museet, Rungstedlund: 105 (Foto Det Kongelige Bibliotek, Kopenhagen)

Aus: Karen Blixens Tegninger. Udgivet og indledet af F. Lasson, o. O. 1969: 113 (Original in Karen Blixen Museet, Rungstedlund)

Cecil Beaton photograph courtesy of Sotheby's London: 115

Aus: Karsten Koch: «En symbolhierarkisk analyse af Karen Blixens ‹Vinter-Eventyr›», in: Steen Lekven (red.): Extracta IV, Kopenhagen 1972: 117

Deutsches Institut für Filmkunde, Frankfurt a. M.: 123